# Bienvenue à Vienne



*La maison aux Majoliques, par Otto Wagner.*
erwo1/iStock

HAUPTBAHNHOF

# Arriver à Vienne

## EN AVION

**Aéroport international Wien-Schwechat** – À 19 km au sud-est du centre-ville - www.viennaairport.com. La plupart des liaisons vers le centre-ville mènent à **Wien Mitte** (Landstraße), relié par les lignes de métro (U-Bahn, U) 3 et 4 à l'ensemble de Vienne.

### *De l'aéroport*

**CAT** – Le City Airport Train (www.cityairporttrain.com) relie l'aéroport à **Wien Mitte** en 16mn - ttes les 30mn : 6h09-23h39 dans le sens aéroport-ville (5h37-23h07 en sens inverse) - 12 € AS, 21 € AR. L'option S7, trois fois moins chère, est un peu moins rapide.
**Train** – Le **S-Bahn** S 7 rallie Wien Mitte (U3 et 4) en 25mn - ttes les 30mn : 4h48-0h18 - arrêts à Renweg, proche du Belvédère, à Praterstern (U1 et 2) et à Floridsdorf (U6) - 4,40 € AS (demi-tarif avec forfait transport 24h, 72h, etc.). Pour rejoindre la **Hauptbahnhof** (en 15mn), il est possible d'emprunter les trains à grande vitesse (Railjet) à destination de Linz ou Salzbourg - www.oebb.at - 2 trains/h - 4,10 €.
**Bus** – Deux lignes desservent le centre-ville (www.viennaairportlines.at/en) : l'une mène à Schwedenplatz/Morzinplatz en 25mn, l'autre à Westbahnhof en 40mn ; ces destinations sont reliées au reste de l'agglomération par le métro - dép. ttes les 30mn, de 6h à minuit - 8 € AS, 13 € AR. Bus bien moins fréquents pour la gare routière (Wien Erdberg) et Kaisermühlen VIC.
**Taxi** – 35/40 € pour 25mn de trajet.

*Wien Hauptbahnhof, gare centrale inaugurée en 2015.*
Marcus Lindstrom/iStock

## EN TRAIN

**Wien Hauptbahnhof** – Reliée au centre-ville par la ligne U1, la gare centrale a remplacé, en 2015, la gare **Wien Westbahnhof** (U3) pour tout le trafic régional et international.

## EN AUTOCAR

**Gare routière** (Busbahnhof) – **VIB (Vienna International Busterminal)** - Erdbergstr. 202, U3 (arrêt Erdberg) - www.vib-wien.at/en. Arrivée des bus **Eurolines**, entre autres.

*U (métro), S (train),* ***tram*** *et* ***bus***
*✆ 7909 100 - www.wienerlinien.at*
***Horaires*** *: 5h30-0h (puis bus de nuit).*
***Ticket*** *: 2,40 €.*
***Forfaits – Netzkarte 24 Stunden Wien*** *: 8 €/24h ;* ***Netzkarte 72 Studen Wien*** *: 17,10 €/72h ;*
***8 Tage-Klimakarte*** *(8 j.) : 40,80 €.*
***Vienna Card*** *: 17 €/24h ou 29 €/72h, permet d'emprunter toutes les lignes et de bénéficier de réductions dans les musées.* *Infos p. 139 et plan des transports au verso du plan détachable.*

# Les immanquables

***notre sélection des plus beaux sites***

**Stephansdom**★★★
Plan DE 4 - p. 14

La **Hofburg**★★★
Plan D 4-5 - p. 43

Le **Ring**★★
Plan CE 3-5 - p. 53

Le **Kunsthistorisches Museum**★★★
Plan CD 5 - p. 56

La **salle d'apparat**★★ de la **Bibliothèque nationale**★
Plan D 6 - p. 50

**MuseumsQuartier★★**
Plan C 5 - p. 73

Les chefs-d'œuvre de Klimt et Schiele au **Belvédère★★**
Plan E 7 - p. 68

**Pavillon de la Sécession★★**
Plan D 5 - p. 65

Le château de **Schönbrunn★★★**
Hors plan - p. 88

Le **MAK★★** (musée des Arts appliqués) Plan E 4 - p. 59

# Nos coups de cœur

**Se régaler sur le bien-nommé Naschmarkt** (*gern naschen* signifie « être gourmand »). Cet élégant marché est un concentré de gastronomie autrichienne : les fruits de la Wachau côtoient les vins du Burgenland tandis que le *speck* (lard) tyrolien tutoie les épices orientales. Le samedi, un marché aux puces le prolonge. *Voir p. 66.*

**Prendre de la hauteur au Prater.** L'immense réserve de chasse des princes Habsbourg fleure bon maintenant la barbe à papa. Au milieu du tumulte des montagnes russes, la grande roue s'affiche en doyenne. Elle offre de jour comme de nuit une vue inégalée sur Vienne. *Voir p. 81.*



**Perdre la notion du temps dans un Kaffeehaus.** Saurez-vous distinguer un authentique café viennois d'un établissement touristique ? Dans le premier, jamais le serveur ne viendra vous apporter l'addition avant que vous ne la réclamiez... En attendant, ne soyez pas timide, poussez la porte du café du coin et installez-vous confortablement, pour feuilleter la presse mise à votre disposition ou refaire le monde. *Voir p. 106.*

**Voir l'Autriche d'un autre œil au jardin d'Augarten.** À proximité immédiate du centre-ville, les allées baroques de ce splendide jardin font le bonheur des familles juives ou de celles récemment immigrées, tandis que les bunkers hitlériens constituent le point de ralliement de la vie alternative viennoise. *Voir p. 84.*

**Découvrir le délice d'un en-cas dans les Würstelstände.** Ouverts jusqu'à une heure avancée de la nuit, ces stands à saucisses font partie du paysage culinaire viennois. Préparez-vous à répondre à une batterie de questions – « *Brot oder Semmerl ?* » (pain noir ou pain blanc rond ?), « *Senf oder Kren ?* » (moutarde ou raifort ?) – avant de goûter à la *Käsekrainer*, une saucisse de porc fourrée au fromage. *Voir p. 97, 98, 104 et 162.*

**Se glisser dans le grand hall du Justizpalast,** situé sur le Ring, juste à côté du Parlement. Une fois passés les contrôles de sécurité, vous voici à pied d'œuvre pour observer le va-et-vient des Viennois affairés, esquisser le scénario du prochain film d'Haneke ou **profiter de la vue incroyable qu'offre la terrasse** du café installé au dernier étage. *Voir p. 55.*

**Prendre le pouls du Vienne branché dans les rues de Neubau.** Derrière le MuseumsQuartier, le Spittelberg concentre placettes baroques, cafés et restaurants à la mode, ateliers de designers et boutiques de créateurs. *Voir p. 77.*

**Découvrir l'univers bariolé de Hundertwasser.** Peintre et sculpteur, Friedensreich Hundertwasser

(1928-2000) s'est illustré par la construction de la Kunst Haus. Cette maison colorée est une porte d'entrée vers l'univers d'un artiste en communion avec la nature. *Voir p. 60.*

**Vivre une scène de dessin animé à la Walt Disney** sur la patinoire installée, de fin janvier à début mars, au pied du Rathaus. À la tombée de la nuit, l'hôtel de ville illuminé prend des airs de château de conte de fées. Profitez du spectacle, un verre de vin chaud à la main, avant d'enfiler vos patins. *Voir p. 54.*

**Découvrir la magie du baroque à la Karlskirche.** Sous la vaste coupole, montez sur la plate-forme élevée à 30 m de hauteur et approchez les fresques de près. D'allure parfaite vues du sol, elles présentent de nombreux trompe-l'œil et distorsions. Contemplez le majestueux décor, véritable mise en scène à la gloire de Dieu... et de l'empereur Charles VI. Les grands architectes Fischer von Erlach, père et fils, donnent ici la pleine mesure de leur talent. *Voir p. 64.*

**Se baigner dans le Vieux Danube.** L'*Alte Donau*, un bras mort du Danube au nord du centre-ville, n'a pas son pareil pour rafraîchir les chaudes journées d'été. Les plages de gazon sont légion, certaines (payantes) sont dotées de piscines et de douches. *Voir p. 86.*

**Se réconcilier avec les marchés de Noël.** L'atelier du Père Noël existe... et ses productions sont en vente sur les

J. Arnold Images/hemis.fr

*Marché de Noël sur la Rathausplatz (Horer Markt).*

marchés de l'Avent, soit pendant les quatre semaines qui précèdent Noël. Le plus connu est celui du Rathaus, mais celui de Spittelberg, où exposent les créatifs du nouveau quartier arty, vaut le détour. *Voir p. 54 et 77.*

**Siroter sous la tonnelle le vin frais des dernières vendanges.** La ville compte encore 700 ha de vignes et une cinquantaine d'estaminets (les *Heurigen*) où l'on sert, dans une ambiance conviviale, le « vin de l'année » et le traditionnel Gemischter Satz, fruit de plusieurs cépages d'une même parcelle. De plus, les villages vignerons (Nussdorf, Neustift am Walde, Stammersdorf...) sont accessibles en tram. *Voir p. 92.*

# Vienne en 3 jours

## JOUR 1

### ▶ *Matin*

Rendez-vous au cœur de l'**Innere Stadt** (« ville intérieure », aujourd'hui cernée par le Ring), devant la **cathédrale St-Étienne**★★★ *(p. 14)*. Faites le tour de ce majestueux édifice aux toitures colorées avant d'y pénétrer. L'ascension de la tour nord vous offrira un magnifique panorama sur l'agglomération viennoise sertie de collines et de forêts. Partez ensuite à la découverte de la vieille ville, à l'affût des détails médiévaux, baroques ou Jugendstil qui ponctuent **Hoher Markt** *(p. 32)*, **Fleischmarkt**★ *(p. 22)*, **Neuer Markt**★ *(p. 40)*...

J. Harper/Photolibrary/Getty Images

*Karlskirche (église St-Charles), quartier de Wieden.*

### ▶ *Midi*

Déjeunez léger chez Trzesniewski *(p. 96)* ou Julius Meinl *(p. 98)* avant de prendre un café accompagné d'un gâteau dans l'une des *Konditoreien* de la vieille ville, comme chez Demel *(p. 107)*.

### ▶ *Après-midi*

Remontez le **Graben**★ *(p. 18)* et le **Kohlmarkt**, bordés de boutiques chics, pour arriver à la **Hofburg**★★★ *(p. 43)*, par l'entrée majestueuse de la **Michaelerplatz**★. L'ancienne forteresse impériale est un monde en soi *(voir plan p. 46-47)*. Si vous gardez un souvenir ému de Romy Schneider en jeune première, direction les **appartements impériaux**★ ; si vous aimez les chevaux, l'**École d'équitation espagnole**★★ est pour vous ; si ce qui brille vous attire, la **Schatzkammer**★★★ vous éblouira. Parcourez ensuite les différentes cours et places de la Hofburg, avant de vous poser dans la verdure du **Volksgarten**★ ou du **Burggarten**, qui ouvrent tous deux sur le **Ring**★★ *(p. 53)* : pour parcourir les 4 km du boulevard circulaire, empruntez le tram ou un vélo Citybike *(p. 139)*.

### ▶ *Soir*

Dans l'atmosphère *gemütlich* d'un *Beisl* (auberge traditionnelle) ou du Plachutta *(p. 97)* de la Walfischgasse, goûtez aux saveurs cosmopolites de la cuisine traditionnelle viennoise.

## JOUR 2

**Matin**

Aux portes de l'Innere Stadt, la vaste **Karlsplatz** *(p. 63)* conjugue les différents styles qui ont fait la réputation de l'architecture viennoise. Après avoir visité la **Karlskirche**★★ (belle introduction à l'art baroque), tournez-vous vers le **Wien Museum**★ (recommandé aux amateurs d'histoire) et le **pavillon de la Sécession**★★ (avec la frise de Klimt).

**Midi**

Composez votre déjeuner au gré des stands du **Naschmarkt** *(p. 100)*.

**Après-midi**

Du Naschmarkt, gagnez à pied – en passant par le Getreidemarkt – le **MuseumsQuartier**★★ *(p. 73)*, l'un des plus grands complexes culturels au monde, qui regroupe 5 musées. Très animé, le « MQ » vous occupera au moins trois bonnes heures, avant que vous ne montiez vers **Mariahilf** ou **Neubau** *(p. 77)*. Ces anciens quartiers populaires, désormais pris d'assaut par une population jeune et créative, offrent de nombreuses occasions de shopping.

**Soir**

Pensez à consulter le programme quotidien des spectacles *(p. 120)* et la liste des musées ouverts en nocturne *(p. 140)*. Si vous êtes mélomane, il est encore temps de faire la queue pour décrocher une *Stehplatz* au **Staatsoper**★★ *(p. 36 et 121)*, au Musikverein *(p. 122)* ou au Volksoper *(p. 120)*. Interactive et ouverte jusqu'à 22h, la **Haus der Musik**★ *(p. 38)* enchantera même les plus jeunes.

## JOUR 3

**Matin**

Commencez par un petit-déjeuner sur le Ring *(p. 108)*. Choisissez votre café en fonction du musée qui vous tente le plus : le Prückel avant l'excellent **MAK**★★ *(p. 59)*, le Landtmann ou le Café Museum en introduction au **Kunsthistorisches Museum**★★★ *(p. 56)* ou le Schwarzenberg à l'orée du **Belvédère**★★ *(p. 68)*.

**Midi**

Le MAK, le KHM et le Belvédère se sont dotés de bons cafés-restaurants. Pour changer d'air, prenez le tram 2 qui traverse le canal du Danube. Descendez à l'arrêt Taborstrasse pour flâner sur **Karmelitermarkt** et vous attabler à l'un de ses cafés branchés *(p. 82)*.

**Après-midi**

À la belle saison, goûtez la sérénité du **parc d'Augarten** *(p. 84)* ou l'animation du **Prater**★ *(p. 81)* avec sa **grande roue**★★ et ses attractions.

### *Jour 4 : Schönbrunn★★★*

*À seulement 20mn en métro de la Hofburg, le palais d'été des Habsbourg (p. 88) constitue aujourd'hui encore une échappée bienvenue à l'écart de la ville... à condition de s'y rendre assez tôt pour visiter le palais avant l'arrivée de la foule. Le parc multiplie les fontaines et les bosquets. Vous pourrez y déjeuner d'un pique-nique ou vous restaurer au Café Gloriette qui bénéficie d'une vue imprenable sur le palais.*

*Si vous êtes en famille, ne manquez pas le parc animalier justement renommé.*

# Visiter Vienne



*La maison aux Majoliques, par Otto Wagner.*
Visions Of Our Land/The Image Bank/Getty Images

# Vienne aujourd'hui

Vienne est associée au **Danube**, le fleuve des capitales (Bratislava, Budapest, Belgrade), qui coule sur 2850 km et que l'on dit si beau et si bleu. Elle lui a pourtant longtemps tourné le dos et a préféré prendre le nom d'une modeste rivière de 34 km de long, la Wien. Bien qu'elle soit la capitale d'un pays alpin, Vienne s'étend dans une plaine ouverte sur les steppes hongroises. Et si elle entretient tous les clichés qu'elle véhicule, elle rêve d'être vue autrement. Bref, Vienne aime les paradoxes et les contradictions !

## Au-delà des clichés



La capitale autrichienne a la réputation d'être conservatrice. Bals, valses, calèches et cafés anciens font partie de son imagerie. Ces clichés sont entretenus comme un « produit d'appel » efficace. Oui, on peut vivre à Vienne son fantasme impérial et se prendre pour Sissi le temps d'un week-end : vous dégusterez de délicieuses pâtisseries sous les stucs des cafés centenaires du Ring. Vous attraperez un torticolis en détaillant les églises gothiques et baroques de l'**Innere Stadt** (la « ville intérieure »), le centre historique. Partout, Vienne renvoie à la dynastie des Habsbourg et à son passé prestigieux. Les Viennois sont d'ailleurs eux-mêmes les premiers « clients » de ces clichés, répétant à l'envi *Wien bleibt Wien* (« Vienne sera toujours Vienne »).

## Cosmopolite et attractive

Longtemps figée dans son écrin habsbourgeois, Vienne n'a inauguré sa première ligne de métro qu'en 1978. En fait, la capitale autrichienne a attendu la chute du rideau de fer pour lancer d'ambitieux projets d'urbanisme devenus vedettes des revues d'architecture : Gasometer, tour PS1, Hauptbahnhof… Grâce à ce nouveau pouvoir d'attraction, elle a retrouvé son rôle de pont entre l'Ouest et l'Est. Elle abrite les sièges de grandes entreprises et d'organismes internationaux et on y entend parler toutes les langues d'Europe centrale et des Balkans. Ses quartiers évoluent au rythme d'une population cosmopolite.

### Sommets viennois

*Pour prendre de la hauteur, vous n'aurez que l'embarras du choix. Le belvédère le plus central est la terrasse de la* ***cathédrale St-Étienne****, accessible par l'ascenseur de la tour nord (p. 16). Le* ***café-restaurant Sky*** *au dernier étage du grand magasin Steffl (Kärntner Str. 19) et* ***Das Loft*** *au 18e étage du Sofitel (Praterstr. 1, voir p. 112) réservent aussi de jolies vues, tout comme la* ***Haus des Meeres*** *du Esterházypark (p. 82) et le* ***Café Gloriette*** *du parc de Schönbrunn (p. 90 et 112). Mais c'est du haut de la* ***grande roue*** *(p. 81) et de la* ***tour du Danube*** *(p. 86) que l'on peut embrasser tout Vienne d'un seul regard.*

K. Thomas/Blickwinkel/age fotostock

*Le Kleines Café (« petit café »), sur la Franziskanerplatz.*



## *Shopping*

Dans l'Innere Stadt, qui vit à l'ombre de l'immense flèche du **Stephansdom**, les rues sont bordées de magasins raffinés et design, de restaurants originaux et de lieux de sortie animés. Le constat est le même au-delà du Ring, dans les quartiers à la mode de **Neubau**, **Wieden** et **Leopoldstadt**.

## *La culture pour tous*

Depuis son ouverture en 2001, le **MuseumsQuartier** (MQ) attire à lui seul 4 millions de visiteurs par an ! Tous les arts y ont droit de cité, tous les publics sont les bienvenus. On s'y instruit, on s'y restaure, on y danse, on y crée, on y bronze, on s'y repose à ciel ouvert… C'est le musée du futur !

## *Entrez dans la danse !*

Vienne, au fond, est un peu à l'image des étals appétissants et colorés du Naschmarkt ou du Brunnenmarkt : une ville multiple où l'on trouve ce que l'on est venu chercher tout en se laissant surprendre et tenter par tout autre chose. Venu goûter aux bières locales, vous repartirez conquis par les vins des collines alentour. Admirateur des robes à froufrous de Sissi, vous dépenserez sans compter dans un *concept store* du MQ. Amateur d'art baroque, vous découvrirez des quartiers alternatifs surprenants. Laissez-vous porter : vous êtes dans la ville qui, selon le classement Mercer (2018), offre la meilleure qualité de vie au monde.

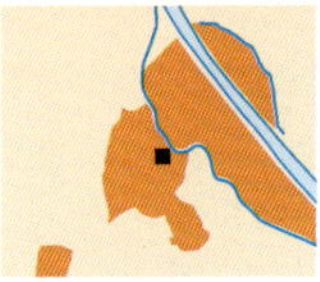

# Stephansplatz★★

**(Place St-Étienne)**

***Le cœur de la ville bat sous les voûtes de la magistrale cathédrale St-Étienne dont les huit siècles d'existence racontent la splendeur et les heures sombres de la capitale impériale. Sa flèche géante et son toit aux couleurs chatoyantes dominent un quartier historique, touristique et commerçant, en perpétuelle effervescence. Stephansplatz est le carrefour où se rencontrent ceux qui « vivent Vienne » au quotidien ou le temps d'un week-end.***

**Accès :** métro Stephansplatz (U1 et U3).

***Plan détachable DE4. Plan de quartier p. 19.***

**Conseil :** profitez du panorama offert du haut de la flèche de la cathédrale.

*Nos adresses autour de la Stephansplatz : p. 96, 106, 113, 121, 125.*

## STEPHANSDOM★★★

**(Cathédrale St-Étienne)**



*Stephansplatz 1 - 515 52 30 54 - www.stephanskirche.at - - 6h-22h, dim. et j. fériés 7h-22h - seule la nef gauche est libre d'accès ; la visite des chœur, nef droite, tours et catacombes est payante : billet combiné (2 tours, catacombes, crypte et trésor, avec audioguide) 19,90 € (parfois, « offres spéciales » à 14,90 €) ; prévoir 2h - visite guidée en anglais tlj sf dim. à 10h30 (30mn, 6 €) - audioguide 5 €.*

**Symbole de la ville**, cette cathédrale ne ressemble à aucune autre. Barrée d'une lourde et immense **toiture bariolée** et vernissée, son élégante silhouette émerge de la masse compacte de la vieille ville lançant sa puissante tour sud à l'assaut du ciel de la capitale. En dépit de son style gothique, St-Étienne incarne pourtant la Vienne baroque car elle en est le cœur, un organe de pierre battant depuis plus de huit siècles.

À l'emplacement de l'édifice actuel se dressait, au Moyen Âge, une vaste basilique romane, élevée en 1147. L'église fut durement éprouvée par l'incendie qui ravagea Vienne en 1258, mais le portail et les tours des Païens échappèrent aux flammes. La première transformation gothique fut réalisée dès 1304 et la cathédrale, telle qu'elle est aujourd'hui, fut façonnée au cours des deux siècles suivants. Endommagée lors du siège ottoman de 1683, l'édifice a encore sévèrement pâti, en 1945, des conséquences des bombardements. Une restauration habile en 1952 lui a rendu son ancienne beauté.

La taille réduite de la place accentue la hauteur de la cathédrale, dont la **tour St-Étienne**★★★ (tour sud, aussi appelée Steffl) s'élève à 137 m. La tour nord, inachevée et coiffée d'un toit Renaissance, abrite la **Pummerin**, impressionnant bourdon de 21 t qui ne sonne qu'à l'occasion de cérémonies exceptionnelles et

de la nouvelle année. Le **toit** de la cathédrale présente une carapace de près de 250 000 tuiles vernissées, qui composent un tapis frappé, au sud-est, de l'aigle impérial bicéphale.
On pénètre dans l'édifice par le **portail des Géants★★** *(Riesentor)*, de facture romane et peuplé de statues. L'intérieur est fortement inspiré du modèle d'église-halle, cher au gothique germanique : une grande nef (107 m de long) raccordée au chœur à trois vaisseaux. La **chaire★★** en pierre sculptée (1480) est un chef-d'œuvre, son style décoratif la rattache aux courants les plus évolués du gothique flamboyant. Le **retable de Wiener Neustadt★** (15e s.) orne l'autel de l'absidiole de gauche dite « chœur de la Vierge ». L'absidiole de droite abrite le **tombeau★★** de l'empereur Frédéric III, exécuté en marbre rouge de Salzbourg par Nicolas de Leyde. La lutte du Bien et du Mal y est symbolisée par des animaux nuisibles essayant de pénétrer à l'intérieur du tombeau tandis que les « bons » les en empêchent. Dans les **catacombes** *(visite ttes les 15 ou 30mn - 10h-11h30, 13h30-16h30, dim. et j. fériés 13h30-16h30 - env. 30mn - 6 €)*, des urnes contiennent les entrailles des empereurs d'Autriche.
En montant à la **tour nord** *(68 m, accessible en ascenseur ♿)*, on peut approcher l'énorme Pummerin et profiter du **panorama★★** de 360° sur la ville *(9h-17h30 - 6 €)*. Plus haute, la **tour sud** *(9h-17h30 - 5 €)* offre elle aussi une vue sur Vienne, mais vous n'en profiterez qu'au travers de fenêtres *(accès par un escalier escarpé de 343 marches)*.



## VIRGILKAPELLE

**(Chapelle St-Virgile)**
*Stephansplatz (accès par la station de métro) - ✆ 664 882 93 930 - www.wienmuseum.at - ♿ - tlj sf lun. 10h-18h - 5 € (gratuit 1er dim. du mois).*
Cette petite chapelle souterraine, qui date probablement de 1220, tomba dans l'oubli au 18e s. Redécouverte par hasard en 1973, elle vous réserve une surprise : l'un des intérieurs gothiques les mieux conservés de Vienne. À voir aussi, les vestiges de fresques de 1255 et une modeste exposition sur la ville au Moyen Âge.

## DOMMUSEUM

**(Musée de la Cathédrale)**
*Stephansplatz 6 - ✆ 515 52 5300 - www.dommuseum.at - ♿ - merc.-dim. 10h-18h (jeu. 20h) - 8 €.*
Aménagé dans l'ancien hôtel des abbés de Zwettl (14e s.), il conserve les trésors les plus précieux de la cathédrale, dont le fameux portrait du duc Rodolphe IV (1360), peint sur parchemin, et une Vierge ouvrante (Schreinmadonna) en bois polychrome datée des années 1420 ; il n'en existe plus qu'une soixantaine d'exemples à travers le monde.

## MOZARTHAUS★

**(Maison de Mozart)**
*Domgasse 5 - ✆ 512 17 91 - www.mozarthausvienna.at - ♿ - 10h-19h (dernière entrée à 18h30) - 11 € (audioguide en français), billet combiné avec la maison de la Musique 18 €.*

Wolfgang Amadeus Mozart vécut ici de 1784 à 1787, une période de création heureuse, au cours de laquelle il écrivit *Les Noces de Figaro*. Dans un cadre superbe, une efficace présentation évoque autant la vie et l'œuvre du compositeur que Vienne à cette époque. Cet appartement n'est que l'un des 18 lieux de résidence viennois de l'artiste. Les portraits de ses fils et de sa femme Constanze ainsi que 13 portraits du maître, dont la fameuse silhouette réalisée par Hieronymus Löschenkohl, composent un bel album de famille. La visite se déroule en musique (audioguide avec extraits des œuvres de Mozart).

## FRANZISKANERPLATZ★

### (Place des Franciscains)

La rue Weihburggasse aboutit à l'une des plus charmantes places de la ville.

Au centre se dresse une **fontaine de Moïse** *(Mosesbrunnen)* de 1798 dont le glouglou est bien agréable lorsque l'on sirote un café à la terrasse du minuscule et « rétro » Kleines Cafe *(voir p. 106)*.

L'**église des Franciscains** *(Franziskanerkirche, 6h30-17h45)*, de 1614, présente une façade curieuse inspirée de l'architecture de l'Allemagne du Sud : un fronton Renaissance coiffé de statues surplombe des fenêtres à arc brisé typiquement gothiques et un portail de style Renaissance (1742). L'intérieur baroque abrite un imposant maître-autel à baldaquin et le plus vieil orgue de Vienne, sculpté par Johann Wöckerl (1643).

## WINTERPALAIS

### (Palais d'hiver)

*Himmelpfortgasse 8 - ne se visite pas.*

L'étroitesse de la rue étrangle un peu, malheureusement, la perspective sur le palais d'hiver du prince Eugène de Savoie, commencé par Johann Bernhard Fischer von Erlach (de 1695 à 1698) et achevé par Johann Lukas von Hildebrandt (de 1702 à 1724). Cette longue façade dissimule aux regards une cour d'honneur, un remarquable escalier baroque et des appartements somptueusement décorés (Cabinet doré, salle des Batailles...), désormais occupés par le ministère des Finances.

## KÄRNTNER STRAẞE

Au 13$^{e}$ s., la *strata Carinthianorum* amorçait la route vers la Carinthie *via* la Styrie, voie qui s'étirait jusqu'à Trieste et Venise *(pour la description de son prolongement, voir p. 38)*. Les immeubles qui bordent la rue aujourd'hui, hormis quelques fragments de la Malteserkirche, ne sont pas antérieurs au 18$^{e}$ s. et l'unité architecturale a été compromise par les bombardements de 1945. Un va-et-vient de Viennois affairés et de touristes qui cheminent le long des vitrines de souvenirs la transforme souvent en fleuve humain.

Notez la façade du n° 16 décorée de **mosaïques** (1896) présécessionnistes. Au n° 10, le minuscule **American Bar**, édifié en 1908 par Adolf Loos *(voir p. 156)*, est réputé pour la qualité de son aménagement intérieur.

***Vienne antique***

*Située au carrefour de voies de communication européennes, la région était déjà habitée il y a plus de 25 000 ans. Le bassin de Vienne est en effet stratégique : il commande l'accès aux contrées de Bohême, de Moravie, de la plaine de Hongrie et des régions alpines. Après une occupation du site par les Celtes, les Romains y établissent en 100 apr. J.-C. une petite garnison connue sous le nom de* ***Vindobona*** *(« camp blanc »). La ville grandit rapidement jusqu'à atteindre 20 000 âmes au début du 3e s. Elle ne résiste cependant pas aux incursions « barbares » au moment de la chute de l'Empire et disparaît des mémoires pendant plusieurs siècles.*

***Römermuseum*** *– voir p. 35.*

## HAAS-HAUS

### (Maison Haas)

*Stephansplatz 12.*

Fort controversé lors de son inauguration en 1990, cet immeuble de marbre bleu-gris, signé **Hans Hollein** *(voir p. 42)*, symbolise le renouveau de la créativité architecturale dans une ville où cet art atteignit son apogée au début du 20e s. L'architecte a rendu par un audacieux jeu de volumes toute son ampleur à l'ancien tracé courbe du lieu. Il a ainsi dégagé la perspective qui s'ouvre sur la cathédrale St-Étienne, lorsqu'on arrive du Graben *(voir ci-contre)*.

## STOCK-IM-EISEN-PLATZ

Stock-im-Eisen-Platz, la place du « Tronc-dans-le-Fer », doit son nom au tronc d'arbre que l'on voit dans une niche située à l'angle du Graben et de la Kärntnerstraße.

Selon une légende apparue vers le milieu du 16e s., les apprentis serruriers venaient y planter un clou avant d'entreprendre leur tour d'Autriche.

## GRABEN★

Le **fossé** *(Graben)* creusé par les Romains devant leur enceinte *(voir encadré ci-dessus)* est aujourd'hui une zone piétonnière animée, bordée de luxueuses boutiques.

Récemment rénovée, cette longue place courbe comporte quelques jolis **exemples d'architecture**. Au n° 10, l'Ankerhaus a été élevée par Otto Wagner en 1894. Au n° 11, le palais Bartolotti-Partenfeld (1720) est la dernière construction baroque du Graben. Au n° 13, le petit magasin Knize a été dessiné par Adolf Loos – également l'auteur des toilettes publiques (1905).

Au centre de la place s'élève la **colonne de la Peste★★** *(Pestäule)*, baroque et richement ornée. Elle fut commanditée en 1693 par l'empereur Léopold Ier, suite à un vœu formulé pendant l'épidémie de 1679.

L'extrémité du Graben est fermée par le magasin **Julius Meinl** *(« Nos adresses/Se restaurer » p. 98 et « Shopping », Meinl am Graben, p. 114)*.

SE RESTAURER

Trzesniewski........................64

Wrenkh...............................72

PRENDRE UN VERRE

Haas & Haas..........................1

Hawelka..............................2

Kleines Café.........................6

Roberto American bar.................3

SHOPPING

Alt-Österreich.......................4

Augarten Wien........................5

Manner...............................2

Mühlbauer............................40

Porta Dextra.........................39

Suzanne Kitz.........................8

Woka.................................6

SORTIR

Ronacher.............................19

## PETERSKIRCHE★

### (Église St-Pierre)

*Petersplatz - 7h-20h, w.-end 9h-21h (visite possible en dehors des offices).*
Cette belle église baroque, avec ses fresques et ses stucs dorés, a été achevée en 1733 par Johann Lukas von Hildebrandt à l'emplacement d'un édifice roman, lui-même issu du remaniement du premier sanctuaire viennois érigé au 4$^{e}$ s. L'**intérieur★** est somptueux jusque dans le moindre détail. La nef est coiffée d'une coupole ovale, ornée d'une fresque représentant *L'Assomption* (1714) de Johann Michael Rottmayr.

## KOHLMARKT

 L'ancien marché au charbon, aujourd'hui zone piétonne, relie Graben à la Hofburg et rassemble de luxueuses boutiques. Ainsi au n° 6, le célèbre magasin de meubles **Thonet**, et au n° 7 celui dessiné par **Hollein** (*encadré p. 42*). Au n° 14, le salon de thé **Demel**, une institution fondée en 1785 sur la Michaelerplatz par Christoph Demel, a déménagé ici en 1857 (*p. 107*). Du côté gauche se dresse, au n° 9, l'**Artariahaus** construite en 1902 par Max Fabiani. Cet immeuble marque un jalon dans l'histoire de la Sécession viennoise.

## MICHAELERPLATZ★

### (Place St-Michel)

Ce carrefour entre la Hofburg (portail St-Michel, *p. 43*) et le quartier de la Stephansplatz est un passage obligé. Les divers édifices, tous symboliques, entourent des **ruines romaines** âgées de deux millénaires.
Au n° 3, la **Looshaus** (1911) fut édifiée par Adolf Loos pour la maison de couture Goldman & Salatsch. La façade laissée volontairement nue eut un impact considérable. Classé en 1947, l'immeuble abrite une banque et un **musée** consacré à l'architecte *(lun.-vend. 9h-15h, jeu. 17h30 - gratuit)*.

## MICHAELERKIRCHE

### (Église St-Michel)

*Michaelerplatz 1 - ✆ 533 80 00 - 7h-22h, dim. et j. fériés 8h-22h - visite guidée de la crypte de Pâques à fin oct. tlj sf dim. à 11h et 13h - 7 €.*
Édifiée à partir de 1220 et plusieurs fois remaniée, il s'agit de l'ancienne église paroissiale de la Cour. Si la tour octogonale a été élevée en 1340, sa flèche date de 1598 et sa façade néoclassique de 1792. L'**intérieur** accumule les styles : gothique avec le chœur (1327), Renaissance avec la pierre tombale de Georg von Liechtenstein (1548), baroque avec le grand orgue de David Sielber (1714) et le maître-autel surmonté d'une étourdissante **Chute des anges★** que l'on doit à Karl Georg Merville (1782). La **crypte** s'étend sur l'entière surface de l'église. Après la fermeture du cimetière de St-Michel en 1508, les tombes furent réaménagées sous l'église. Dans le passage (près de la boutique Loden Plankl), voyez le relief en calcaire du *Mont des Oliviers* (1494).

RAIFFEISENBANK
WIEN

# Fleischmarkt★

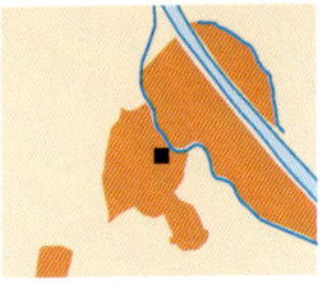

***Entre la cathédrale St-Étienne et le canal du Danube s'étend le cœur de Vienne, où subsistent maisons, palais et petites rues qui évoquent l'ancienne capitale. Il y fait bon flâner au hasard pour guetter les portes qui s'entrouvrent sur de calmes arrière-cours ou sur d'engageants halls d'immeubles. La trace du passé n'empêche pas le quartier de bourdonner au rythme du 21ᵉ s. Dans les cafés et les commerces animés se croisent les habitants qui profitent de leur situation privilégiée au centre de Vienne.***

▶ **Accès :** métro Schwedenplatz (U 1 et 4), Stephansplatz (U 1 et 3) ou encore Stubentor (U 3).

***Plan détachable E4. Plan de quartier ci-contre.***

▶ **Conseil :** combinez la visite du quartier avec celle du Hoher Markt *(voir p. 32)*.

*Nos adresses au Fleischmarkt : p. 96, 106, 113, 125.*



## FLEISCHMARKT★

Le « marché de la viande », rue aujourd'hui commerçante, éclectique et animée, existe depuis 1220. Les bouchers y avaient la maison de leur corporation, au cœur de la Vienne médiévale. Au n° 13, l'**église des Grecs de la Ste-Trinité** *(Griechenkirche zur Heiligen Dreifaltigkeit)* « illumine » la rue avec sa façade composite en brique rehaussée de dorures. Le bâtiment fut achevé par Peter Mollner en 1787. Puis en 1861, Theophil Hansen (un des créateurs du Ring) lui donna son allure byzantine. À l'intérieur, belle iconostase baroque.

Au n° 11, la **Griechenbeisl**, la « taverne des Grecs », est l'une des plus anciennes de Vienne et a compté parmi ses clients Johannes Brahms, Mark Twain, Franz Schubert, Richard Wagner et bien d'autres. Les murs de l'une des salles sont couverts de signatures d'écrivains. Juste à côté, la petite **Griechengasse★**

### Le mitron qui n'aimait pas le basilic

*Au n° 7 de la Schönlaterngasse se trouve la **Basiliskenhaus** (maison du Basilic), déjà mentionnée en 1212, et qui est l'une des plus anciennes de la ville. Elle est reconnaissable au bloc de grès qui orne sa façade (1740) et auquel une main inconnue ajouta un bec et une queue. La légende viennoise, relatée par Wolfgang Lazius en 1546 dans son **Vienna Austriae**, nous apprend qu'un basilic, animal fantastique sorti d'un œuf pondu par un coq et couvé par un crapaud, empoisonna de son haleine le puits de la maison où il avait son repaire. La fresque de la façade témoigne du courage d'un jeune boulanger : celui-ci présenta un miroir au monstre qui périt face à tant de laideur.*

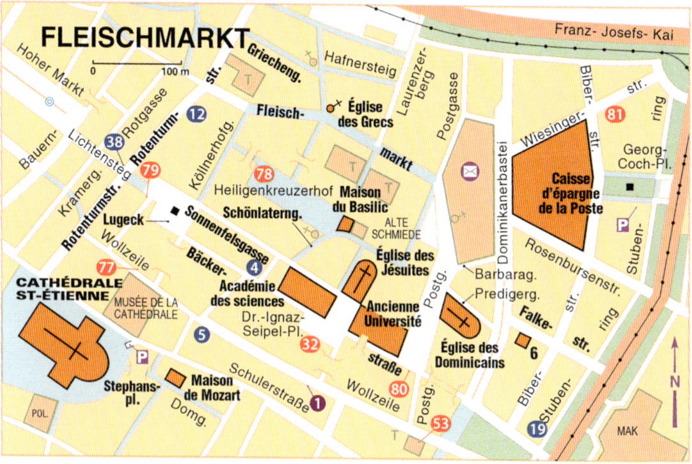


**SE RESTAURER**
Buxbaum ........ 78
Figlmüller ........ 77
Inigo ........ 32
Labstelle ........ 79
Pfudl ........ 80
Plachutta ........ 53
Xpedit ........ 81

**PRENDRE UN VERRE**
Alt Wien ........ 4
Bloom ........ 38
Café Prückel ........ 19
Diglas ........ 5
Eis Greissler ........ 12

**SHOPPING**
Berger ........ 1

(« rue des Grecs »), évoque aussi les marchands grecs qui s'installèrent dans le quartier au 18e s. Elle conserve plusieurs vestiges dont, au n° 9, une ancienne **tour gothique** du 13e s. La façade du n° 7 est ornée d'une Vierge dominant une lanterne rococo. Sous le porche, les inscriptions en turc ottoman datent du siège de 1683.

## SCHÖNLATERNGASSE★

Voici assurément la plus charmante rue du vieux quartier. La sinueuse « **ruelle de la Belle-Lanterne** » doit son nom à la lanterne en fer forgé du 18e s. accrochée à la façade de la maison du n° 6 (c'est une réplique, l'original se trouve au Musée historique de la ville, *voir p. 64*). Au n° 7 voyez la **maison du Basilic**, l'une des plus anciennes de Vienne *(voir l'encadré ci-contre)*. Au n° 5, au-delà du porche, le spacieux **Heiligenkreuzerhof**, palais du 18e s. qui appartenait au monastère de Heiligenkreuz (situé à proximité de Vienne), entoure une cour, havre de paix arboré apprécié des artistes. Les rues alentour ne manquent pas de belles façades. En suivant **Bäckerstraße**, n'hésitez pas, quand c'est possible, à pénétrer dans les charmantes cours intérieures. La n° 7 surprend par sa hauteur, ses arcades et ferronneries. Quant à la n° 16, sa façade intérieure sert désormais de... mur d'escalade. Sur **Sonnenfelsgasse**, vous noterez la belle façade baroque (1721) de l'Hildebrandthaus (n° 3).

## DR. IGNAZ-SEIPEL-PLATZ

Trois beaux édifices entourent cette place en L. L'**église des Jésuites**★ *(Jesuitenkirche, 7h-19h, dim. et j. fériés 8h-19h)*, comme la cathédrale de Salzbourg, s'inspire de celle du Gesù à Rome. D'abord église de l'Université, elle fut édifiée entre 1624 et 1631 dans le style baroque primitif. Outre la chaire marquetée de nacre, on remarquera les **fresques**★ de la coupole en trompe l'œil, réalisées par Andrea Pozzo, frère laïc de la compagnie de Jésus, qui acheva sa transformation en 1705.



À la gauche de l'église, remarquez la belle façade de l'**Académie des sciences** (Akademie der Wissenschaften) construite au milieu du 18e s. sur les plans de Jean-Nicolas Jadot, architecte français né à Lunéville et attiré à Vienne par François de Lorraine. Dans la salle des Fêtes *(Festsaal, lun.-vend. 9h-17h, accès libre)*, fresque de 1755, reconstituée en 1961.

En face se dresse l'**ancienne université** (Alte Universität). Créée en 1365 par l'archiduc Rodolphe IV, elle fut la deuxième université de langue allemande après celle de Prague, fondée en 1348. La première faculté fut consacrée à la théologie, que dispensaient les dominicains installés juste à côté, relayés par les jésuites en 1623. En 1803, la Cour y logea le « K. und K. Stadtkonvikt », une sorte de lycée musical qui regroupait les 130 enfants qui chantaient le dimanche à la chapelle du palais impérial. Franz Schubert y séjourna de 1808 à 1813, soit de sa 11e à sa 16e année. Lorsque le Ring fut percé, l'université y fut transférée.

## DOMINIKANERKIRCHE

### (Église des Dominicains)

*Postgasse 4.*

Appelés à Vienne en 1226 par le duc Léopold VI, les dominicains y consacrèrent leur première église onze ans plus tard. Incendié, puis dévasté par les Ottomans en 1529, l'édifice fut reconstruit de 1631 à 1634. La façade et la coupole datent pour leur part des années 1670. Derrière une façade caractérisée par l'absence de tour s'ouvre un intérieur organisé selon un plan basilical. Le maître-autel de Carl Rösner (1839-1840), qui clôt la perspective du vaisseau, encadre un tableau de Leopold Kupelwieser (1840). Mais la puissance décorative du sanctuaire est surtout due à ses **stucs** typiques du baroque primitif, dont les plus beaux sont ceux des entrevous des pilastres de la croisée.

## POSTSPARKASSE★

### (Caisse d'épargne de la Poste)

*Georg-Coch-Platz 2 - ✆ 599 05 33825 - www.ottowagner.com - visite salle des guichets lun.-vend. 8h-17h30.*

Y. Boelan/hemis.fr/Getty Images

*Salle des guichets de la Postsparkasse, par Otto Wagner (1906).*

L'idéal est de la découvrir du Stubenring où trônent l'ancien ministère de la Guerre *(voir Stubenring, p. 61)* et son aigle bicéphale gigantesque. Le contraste est saisissant ! **Otto Wagner** construisit le bâtiment en un temps record, entre 1904 et 1906 (sans parler des remaniements postérieurs), en utilisant les matériaux les plus modernes de l'époque : aluminium et briques de verre. Les plaques de marbre de la façade furent fixées avec des boulons, dont les capuchons en aluminium constituent un élément décoratif.

Cette démarche fonctionnaliste de Wagner se distingue de celle d'Adolf Loos, résolument opposé à tout ornement. La sévérité de la façade masque une belle **salle des guichets** où Wagner apporta un grand soin aux détails. Diffusée par un plafond cintré en verrière et un sol dallé de plaques de verre, la lumière inonde le lieu. À l'arrière se trouve un petit **musée** qui évoque la genèse du bâtiment *(Wagner : Werk Museum - Postsparkasse - lun.-vend. 10h-17h30 - 8 € - possibilité de visite guidée en français sur demande)*.

# Freyung★

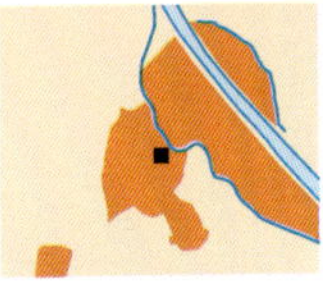

***Avec ses palais baroques, la Freyung porte l'empreinte des aristocrates de l'Empire qui vinrent s'installer là, à proximité de la Hofburg. Les façades exubérantes du quartier des Seigneurs se déploient sur les vastes places et le long de rues élégantes. Aujourd'hui, les banques et les hautes administrations affectionnent le prestige du quartier, mais vous y trouverez aussi des musées, des commerces chics et des cafés chargés d'histoire.***

**Accès :** métro Herrengasse (U 3) ou Schottentor-Universität (U 2).
***Plan détachable DE3-4. Plan du quartier p. 28-29.***
**Conseil :** prévoyez une halte sucrée ou « caféinée » au Café Central.
*Nos adresses à la Freyung : p. 97, 107, 114.*



## FREYUNG★

De forme triangulaire et légèrement penchée, la « place de la liberté » (du vieil allemand *frey*, « libre »), ancien lieu de réjouissance populaire, était à l'origine uniquement bordée par l'abbaye des Écossais. À partir du 17e s. s'élevèrent les sept palais qui encadrent toujours la fontaine d'Autriche (*Austriabrunnen,* 1846) dont les figures incarnent les grands fleuves de l'Empire austro-hongrois : le Pô, l'Elbe, la Vistule et le Danube.

## BANK AUSTRIA KUNSTFORUM

**(Forum des Arts du groupe financier Austria Bank)**

*Freyung 8 - ♿ - ✆ 537 33 26 - www.kunstforumwien.at - 10h-19h, vend. 10h-21h - 11 €.*

Des expositions thématiques (arts des 19e et 20e s.) sont organisées dans cette salle aménagée par Gustav Peichl ; la boule en métal doré qui la surmonte rend hommage au pavillon de la Sécession de Josef Maria Olbrich.

### *Un café et un nuage d'histoire, « bitte » !*

*Le palais Ferstel sert de cadre à l'un des célèbres cafés littéraire viennois, le **Café Central.** Cet établissement était connu pour sa clientèle d'artistes et d'intellectuels, tels les écrivains Peter Altenberg (immortalisé par une sculpture en papier mâché près de l'entrée), Stefan Zweig, ou encore Léon Trotski. Le lieu fut décrit par l'un de ses clients comme un « endroit pour ceux qui veulent être seuls, mais qui ont besoin de compagnie pour l'être ». Aujourd'hui, les artistes ont cédé la place aux hommes d'affaires, aux branchés et aux touristes, mais il n'en mérite pas moins une visite pour déguster un Central Kaffee à la liqueur d'abricot, sous des voûtes luxueuses.*

*« Nos adresses/Prendre un verre » p. 107.*

N. Farrin/AWL Images/Getty Images

*Terrasse de l'épicerie-restaurant Beaulieu, passage Freyung (ou Frestel).*



## SCHOTTENKIRCHE - SCHOTTENSTIFT★

### (Église et abbaye des Écossais)

*Freyung 6 - ✆ 534 98 600 - www.schotten.wien - mar.-vend. 11h-17h, sam. 11h-16h30 - 8 €.*

Les bâtiments datant principalement des 17e et 18e s. sont ainsi nommés parce qu'ils furent fondés par des moines bénédictins irlandais et écossais de l'abbaye St-Jacques de Ratisbonne, en Allemagne.

L'**église★**, plusieurs fois détruite depuis sa fondation en 1155, abrite une très ancienne statue de Vierge (vers 1250). L'édifice baroque actuel, avec son beau clocher à bulbe, date de 1648.

L'abbaye accordait le droit d'asile à tout fugitif venant s'y réfugier, à l'exception des meurtriers (tradition d'où provient sans doute le nom de *Freyung*). Elle renferme un **musée** rassemblant des œuvres du 15e au 19e s., dont quelques Rubens, des représentants de la période Biedermeier, ainsi que le célèbre **retable des Écossais★★** (1470), chef-d'œuvre du gothique flamboyant comportant une vue de la Vienne médiévale.

La cour de l'abbaye des Écossais *(Schottenhof)* eut un résident célèbre entre 1869 et 1886 : Franz Liszt, lorsqu'il venait donner des récitals à Vienne.

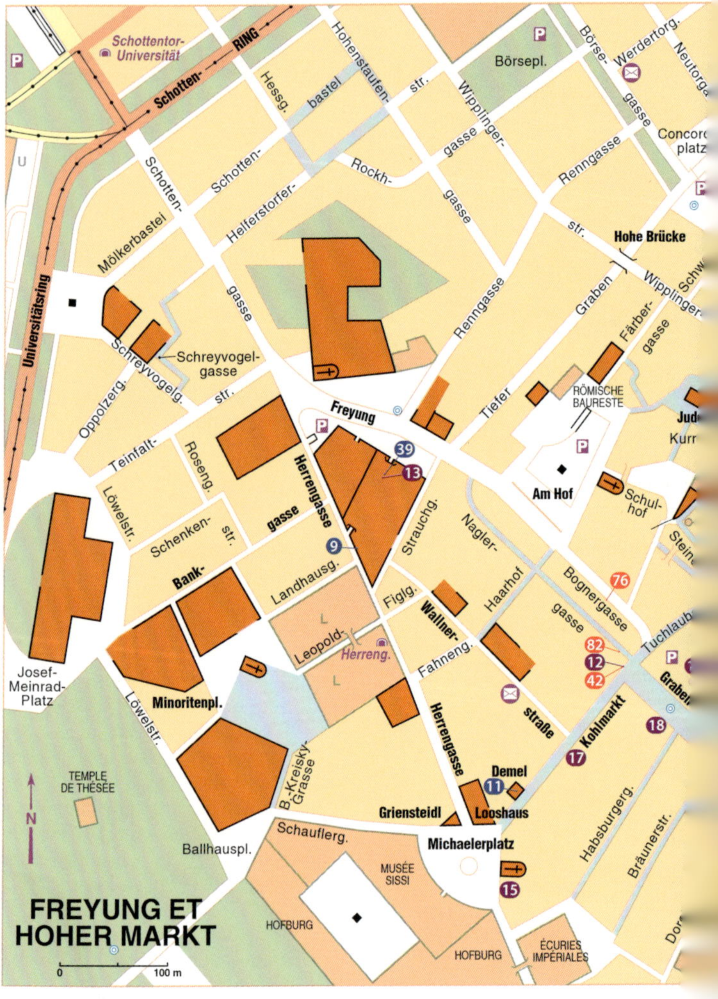
FREYUNG ET
HOHER MARKT
Schottentor-
Universität
Schotten-
RING
Universitätsring
Hohenstaufen-
str.
Hessg.
bastel
Börsepl.
Börse-
gasse
Werdertorg.
Neutorg
Concord
platz
Wipplinger-
gasse
Renngasse
Rockh-
gasse
Schotten-
Schotten-
gasse
Helferstorfer-
str.
Mölkerbastei
Hohe Brücke
Wipplinger-
Schw
Graben
Färber-
gasse
Renngasse
Tiefer
RÖMISCHE
BAURESTE
Jude
Kurr
Schreyvogel-
gasse
Schreyvogelg.
Oppolzerg.
Teinfalt-
str.
Freyung
Am Hof
Schul-
hof
Steind
Roseng.
Herrengasse
Löwelstr.
Schenken-
str.
gasse
Bank-
Strauchg.
Nagler-
Haarhof
Bognergasse
gasse
Landhausg.
Figlg.
Wallner-
straße
Fahneng.
Leopold-
Herreng.
Tuchlaub
Graben
Josef-
Meinrad-
Platz
Minoritenpl.
Löwelstr.
Kohlmarkt
Herrengasse
Demel
TEMPLE
DE THÉSÉE
N
B.-Kreisky-
Gasse
Griensteidl
Looshaus
Michaelerplatz
Habsburgerg.
Bräunerstr.
Schauflerg.
Ballhauspl.
MUSÉE
SISSI
HOFBURG
HOFBURG
ÉCURIES
IMPÉRIALES
Dor
0
100 m
39
13
9
76
82
12
42
18
17
11
15

SE RESTAURER

Fabios....... 38
Julius Meinl am Graben....... 42
Julius Meinls Winebar....... 82
Würstelstand....... 73
Zum Schwarzen Kameel....... 76

PRENDRE UN VERRE

Café Central....... 9
Café Korb....... 10
Caffè Couture....... 39
Demel....... 11
Eissalon Tuchlauben....... 13

SHOPPING

Gramola....... 18
Lena Hoschek....... 41
Loden Plankl....... 15
Julius Meinl am Graben....... 12
Musikhaus Doblinger....... 42
Le Parfum....... 16
Schullin....... 17
Unger & Klein....... 3
Xocolat....... 13

SORTIR

Jazzland....... 1

## PALAIS KINSKY

*Freyung 4.*
Achevé en 1716 par Johann Lukas von Hildebrandt, cet hôtel particulier, l'une des plus remarquables réalisations d'architecture civile de l'époque baroque, devient la possession de la famille Kinsky en 1777. Éblouissante, la **façade★** est richement décorée de blasons, statues, pilastres colossaux, frontons variés et motifs sculptés. Le portail monumental relevé d'atlantes est couronné par un fronton concave et brisé.

## PALAIS HARRACH

*Freyung 3.*
Bâti pour Ferdinand Bonaventura, comte de Harrach, à partir de 1689 sur des plans dressés par Domenico Martinelli, ce palais fut achevé par Johann Lukas von Hildebrandt. En 1845, il fut largement transformé par la suppression du fronton de la façade principale et le réaménagement de la cour. L'édifice, endommagé en 1944, fut reconstruit dans le style baroque.



## PALAIS FERSTEL

*Freyung 2 et Herrengasse 14.*
En 1860, Heinrich von Ferstel fit édifier ce palais qui a abrité la Banque nationale et la Bourse, puis le Café Central (*p. 26 et 107*). On y découvre le **passage Freyung★**, petite galerie marchande très élégante reliant la Herrengasse à la Freyung ; celui-ci cache une jolie courette embellie de la fontaine des Ondines, d'Anton Dominik Fernkorn (1861).

## PALAIS MOLLARD-CLARY

*Herrengasse 9.*
Herrengasse, la « rue des Seigneurs », relie la Freyung à la Michaelerplatz. Parmi les palais qui la bordent, celui-ci fut bâti pour le comte Mollard de 1696 à 1698, puis racheté en 1760, par le prince Franz Wenzel von Clary-und-Aldringen. Il entoure un puits (dans la cour) coiffé d'une belle grille de fer forgé (1570).
L'édifice, connu pour ses salons de style rocaille, abrite notamment le **musée des Globes★** *(Globenmuseum - ✆ 534 10 710 - www.onb.ac.at - 10h-18h (21h jeu.) - fermé j. fériés et le lun. d'oct. à mai - 4 €)*. On peut y admirer des globes terrestres et s'informer sur l'évolution des connaissances relatives aux continents et aux mers depuis le 16ᵉ s.

## MINORITENKIRCHE

**(Église des Minimes)**
Le centre de la **Minoritenplatz** est occupé par cette église utilisée aujourd'hui par la communauté catholique italienne. Érigée au 14ᵉ s., elle devint baroque avant de retrouver son aspect gothique à la fin du 18ᵉ s. L'intérieur surprend par son plan presque carré et ses trois nefs d'égale hauteur.

## BANKGASSE

La « rue des banques » aligne de fastueux édifices, tel le **palais Batthyány** (nº 2), édifié vers 1695 dans l'art de Johann Bernhard Fischer von Erlach. L'ambassade de Hongrie

J. Greuel/ The Image Bank/Getty Images

*Détail de l'église des Minimes (Minoritenkirche).*

(nos 4-6) réunit les **palais Trautson** et **Strattmann-Windischgrätz**. Au n° 9, l'**hôtel particulier Liechtenstein★** (17e-19e s.) est une magnifique réalisation dynamisée par un portail et des sculptures de Giovanni Giuliani (1705). Brillamment restauré, ce joyau du baroque et du rococo viennois se visite uniquement sur réservation *(www.palaisliechtenstein.com - vend. 16h45-18h30 - 28 €)*. Il abrite des tableaux de l'époque Biedermeier, d'Amerling à Waldmüller.

## BEETHOVEN PASQUALATIHAUS★

**(Maison de Beethoven)**

*Mölkerbastei 8 - ✆ 535 89 05 - www.wienmuseum.at - tlj sf lun. 10h-13h, 14h-18h - 5 €, gratuit 1er dim. du mois.*

Cette grande maison de la fin du 18e s. abrite l'un des trois mémoriaux de Vienne consacrés à **Ludwig van Beethoven**. Le musicien allemand vécut en 1804 et de 1813 à 1815 dans deux pièces du 4e étage. Il y composa l'opéra *Fidelio*, joué pour la première fois au Theater an der Wien, ainsi que les *Symphonies nos 4, 5 et 7*. Le **musée** expose divers objets et documents relatifs à l'auteur de l'immortelle *Neuvième Symphonie*. Au sortir du musée, jetez un œil, au n° 10 de la Schreyvogelgasse, sur la Dreimäderlhaus (« Maison des trois jeunes filles »), gracieuse demeure de style rococo. Une légende veut que Franz Schubert en ait fait sa garçonnière.

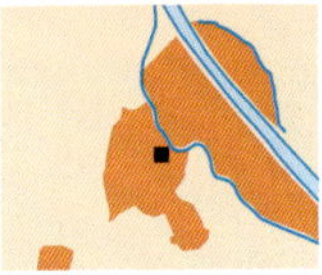

# Hoher Markt

***Ce quartier regroupe des sanctuaires romans et gothiques, des ruelles étroites et des ruines romaines, l'ancien ghetto juif et même une version locale du Triangle des Bermudes. Sur une superficie modeste, ce cocktail architectural offre un beau voyage à travers l'histoire viennoise. Et bien des surprises : fresques médiévales, horloges anciennes ou spectaculaires, églises perchées, colonnes et fontaines métaphoriques...***

▶**Accès :** métro Schwedenplatz (U 1 et U 4) ou Stephansplatz (U 1 et U 3).
***Plan détachable DE3-4. Plan du quartier p. 28-29.***
▶**Conseil :** le quartier possède quelques jolies ruelles (Drahtgasse, Schulhof, Kurrentgasse...), ne les manquez pas.
*Nos adresses à Hoher Markt : p. 97, 107, 114.*



## AM HOF

Très animée, l'esplanade « À la Cour » symbolise le berceau de la cité. C'est ici que les Romains édifièrent leur camp. C'est ici aussi que s'établit Henri II Jasomirgott, de la maison des Babenberg, premier duc d'Autriche, lorsqu'il entreprit de faire de Vienne sa capitale en 1145. Au centre se dresse la **colonne de la Vierge** en bronze (1667), où des anges combattent des fléaux : la Guerre (un lion), la Peste (un basilic), la Famine (un dragon) et l'Hérésie (un serpent). L'**église aux-Neuf-Chœurs-des-Anges** *(Kirche zu den neun Chören der Engel - 7h-12h, 16h-18h)* montre une façade de style baroque primitif, érigée en 1662 par Carlo Antonio Carlone. C'est depuis son balcon que fut annoncée par l'empereur François II, le 6 août 1806, la fin du Saint Empire romain germanique. L'intérieur abrite un remarquable maître-autel de Johann Georg Däringer, qui représente Marie et les neuf chœurs des anges.

## UHRENMUSEUM★

**(Musée des Horloges)**
*Schulhof 2 - ✆ 533 22 65 - www.wienmuseum.at - tlj sf lun. 10h-18h - 7 €, gratuit 1er dim. du mois.*
L'évolution esthétique et technique de l'horlogerie, du 15e s. à nos jours, est présentée sur les trois étages de ce musée. Celui-ci dispose d'un fonds remarquable, incluant tous les types d'horloges et de montres, de l'horloge à eau jusqu'aux automates. L'**horloge astronomique★** du frère David a Sancto Cajetano (1769) est une merveille d'inventivité.

## JUDENPLATZ

Lorsque la famille Babenberg s'établit à Vienne, elle autorisa l'installation d'une communauté juive. Ville dans la ville, le **ghetto** (aussi nommé

*Schulhof*) comptait 70 maisons, disposées de manière à ce que leurs murs arrière forme comme une enceinte. Vers 1400, y vivaient 800 âmes. Après le pogrom de 1421, il n'en resta presque rien. Témoin de l'époque, la **Jordanhaus** (n° 2) fut décorée vers 1497 d'un relief gothique flamboyant, ajouté par Georg Jordan qui acquit la maison vers ces années-là. Il représente le baptême du Christ dans le Jourdain (référence au nom du nouveau propriétaire). En dessous, une plaque en laiton porte une inscription antisémite en latin qui oppose deux éléments : l'eau qui purifiait le corps et (symboliquement) l'âme des baptisés et le feu qui fit périr les juifs de Vienne, entraînant l'expiation de leurs « méfaits ». Devenu lieu de mémoire, la Judenplatz accueille aujourd'hui le **monument dédié aux 65 000 victimes de la Shoah en Autriche** (2000). L'artiste britannique Rachel Whiteread a choisi de symboliser le peuple du Livre par une bibliothèque close, qui ne laisse apparaitre que la tranche de pages illisibles ; la reliure des livres restant invisible, l'observateur ne peut les lire et n'a pas accès à leur connaissance. La porte de la bibliothèque est verrouillée, illustrant la perte irréparable des juifs assassinés.

### *La communauté juive de Vienne*

*Au Moyen Âge, dans une Europe majoritairement chrétienne, les juifs formaient un groupe à part. La propriété de la terre, le travail du sol et de nombreux métiers leur étant interdits, ils se tournèrent vers le commerce, notamment le commerce d'argent. Appelés à Vienne en 1194 par le duc Leopold V, ils s'établirent à proximité du palais ducal, Am Hof, donnant naissance à une communauté florissante. Un violent pogrom y mit fin en 1421. Jusqu'au 17e s., les juifs restèrent officiellement interdits de séjour à Vienne. En 1624, l'empereur Ferdinand II leur concéda un terrain marécageux à proximité du Danube, nommé Unterer Werd (« île basse »), future Leopoldstadt.*

*L'édit de tolérance promulgué par Joseph II (1782) et surtout l'émancipation accordée par François-Joseph (1867) changèrent la donne. Au cœur de l'empire, la communauté juive conforta sa place dans la société cosmopolite de Vienne, à laquelle elle apporta ressources, dynamisme, créativité... et certaines des figures qui font aujourd'hui encore sa renommée : citons Sigmund Freud, Gustav Mahler, Stefan Zweig, Ludwig Wittgenstein... Pour la plupart, ces brillantes personnalités appartenaient à une bourgeoisie issue de la finance, en pleine ascension sociale ou déjà assimilée. Mais la communauté juive comportait d'importantes disparités ; nombreux étaient les petits commerçants et les ouvriers. Ce sont eux qui souffrirent le plus directement de l'antisémitisme, croissant à la faveur des décennies difficiles du début du 20e s., et du nazisme. En 1938, on recensait à Vienne 206 000 personnes d'origine juive. Beaucoup quittèrent la ville dans les années suivantes. 65 000 disparurent dans les camps de déportation entre 1941 et 1945.*

*La communauté juive de Vienne compte aujourd'hui 7 000 membres.*

## MUSEUM JUDENPLATZ

**(Musée de la Judenplatz)**

*Judenplatz 8 - ✆ 535 04 0077 - www.jmw.at - tlj sf sam. et fêtes juives 10h-18h (vend. 17h) - 12 € (billet combiné avec le musée juif Dorotheergasse).*

Ce petit musée abrite des reconstitutions de synagogues et les restes des fondations de celle de la Judenstadt vers 1400, sous forme de projections vidéo. Les salles du sous-sol donnent accès aux vestiges de la première synagogue de Vienne.

## ALTES RATHAUS

**(Ancien hôtel de ville)**

Bordant la Wipplingerstraße, deux belles constructions baroques se font face : celle de droite est l'**ancien hôtel de ville**, qui remplit cette fonction du 14e s. à 1883, date du déménagement des services vers le nouvel hôtel de ville, sur le Ring. Dans la cour, vous verrez la **fontaine d'Andromède★** (1741). Elle illustre la délivrance par Persée, fils de Zeus, de la fille de Cassiopée, menacée d'être dévorée par un monstre marin qui crache ici une eau bien innocente.

À gauche (n° 7), l'ancienne **chancellerie de Bohême** présente une impressionnante façade de Johann Bernhard Fischer von Erlach (1714).

Non loin, enjambant le Tiefer Graben, le « fossé profond » où coulait autrefois un petit affluent du Danube (l'Alsbach), le joli pont Jugendstil **Hohe Brücke** aux élégants lampadaires de métal a été construit en 1903 par Josef Hackhofer.



## MARIA AM GESTADE★

**(Église Notre-Dame-du-Rivage)**

Voici l'une des plus jolies églises de la ville. Elle a été bâtie dans le style gothique à la fin du 14e s. par Michael Knab à l'emplacement d'une église romane alors située sur une terrasse dominant le bras principal du Danube. Cet édifice haut et étroit (33 m sur 9,7 m) montre une façade occidentale de style gothique flamboyant. Sa tour à sept pans est surmontée d'une belle **flèche★** ajourée. Vitraux des 14e-15e s.

## HOHER MARKT

Au Moyen Âge, cette place accueillait le marché et le tribunal. Aujourd'hui, elle est dominée par la **fontaine des Noces de la Vierge** *(Vermählungsbrunnen)*, érigée par Fischer von Erlach en 1732. Au n° 10, remarquez l'**horloge à jacquemart★**, de style Art nouveau, réalisée en 1913 par Franz von Matsch, dont tous les personnages défilent à midi. L'autre vedette de la place est le **Würstelstand**, réputé des gourmands pour ses *Käsekrainer* *(voir p. 97)*.

En suivant Judengasse, on rejoint la synagogue **Stadttempel** *(Seitenstettengasse 4 - visite possible lun.-jeu. à 11h30 sur présentation d'une pièce d'identité)* de 1824, joyau de l'architecture Biedermeier. Non loin, l'**église St-Rupert** *(Ruprechtskirche)*, serait la plus ancienne de la ville (740) et conserve des éléments romans. Dans le quartier alentour, surnommé **Bermuda-Dreieck** (« Triangle des Bermudes »), battait le cœur de la nuit viennoise dans les années 1980.

H. Meyer zur Capellen/imageBROKER/age fotostock

*Le carillon Anker (1913), horloge à jacquemart de Franz von Matsch, sur Hoher Markt.*



Quelques bars et clubs subsistent, même si les fêtards évoluent à présent plutôt au Prater ou à Neubau.

## RÖMERMUSEUM

### (Musée romain et ruines romaines)

*Hoher Markt 3 - ✆ 535 56 06 - www.wienmuseum.at - mar.-dim. 9h-18h - 7 €, gratuit 1er dim. du mois.*

À l'époque romaine, le forum occupait l'actuel Hoher Markt. Des travaux réalisés en 1948-1949 mirent au jour les vestiges de deux maisons d'officiers (2e et 3e s.) ; ils sont visibles au sous-sol de ce musée, qui lève le voile sur la vie à Vindobona, la Vienne antique (*p. 18*).

## NEIDHART-FRESKEN

### (Fresques de Neidhart)

*Tuchlauben 19 - 1er étage - ✆ 535 90 65 - www.wienmuseum.at - tlj sf lun. 10h-13h, 14h-18h - 5 €, gratuit 1er dim. du mois.*

Découvertes en 1979, ces **fresques médiévales** (1400) ornaient les murs d'une salle de banquet d'un riche drapier. Elles représentent des scènes inspirées des poésies du troubadour Neidhart von Reuental, qui se produisait à la cour des Babenberg au 13e s. : querelle paysanne, jeu de balles, bataille de boules de neige ou cueillette de la violette qui illustre l'éveil du printemps.

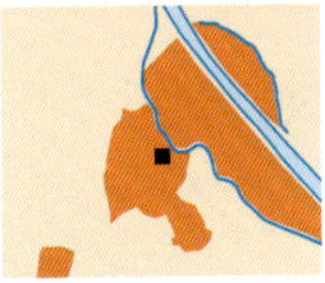

# Quartier de l'Opéra★

***Au carrefour entre le Ring et l'une des principales artères commerçantes de la capitale, l'Opéra national orchestre le centre de la vie viennoise. Passants ou clients du célèbre café Sacher, tous lèvent les yeux vers sa masse de pierre, symbole s'il en est de la vénération des Autrichiens pour la musique classique. Mais son aura ne saurait éclipser les autres sites du quartier, notamment ses rues étroites et délicieusement baroques ou encore l'impressionnante crypte impériale où sont enterrées les têtes couronnées de l'Empire.***

▶**Accès** : métro Stephansplatz (U 1, 3) ou Karlsplatz *(sortie Staastoper)* (U 1, 2, 4).

***Plan détachable DE4-5. Plan de quartier p. 39.***

▶**Conseil :** outre le Staatsoper, les mélomanes ne manqueront pas la maison de la Musique, surtout s'ils sont accompagnés de leurs enfants.

*Nos adresses dans le quartier de l'Opéra : p. 98, 107, 115, 121.*



## STAATSOPER★★

**(Opéra national)**

*Opernring 2 - ✆ 514 44 2614- ♿ - www.wiener-staatsoper.at - visite guidée (40mn) 9 €, en anglais (3/j.) et en français (1/j. généralement à 15h, se rens.) - fermé Vend. saint, 25-26 et 31 déc., ainsi que lors des répétitions.*

Après huit années de travaux, cette institution symbole fut inaugurée en 1869 par l'empereur François-Joseph avec le *Don Giovanni* de Mozart. Premier édifice public du Ring, l'Opéra constitue l'apogée de ce que l'on nomme l'historicisme romantique. Temple du *bel canto*, théâtre le plus illustre d'Autriche et jouissant d'un incontestable prestige international, il a compté parmi ses directeurs Gustav Mahler, Richard Strauss, Karl Böhm, Herbert von Karajan... C'est un Français, Dominique Meyer, qui le dirige depuis 2010.

**Façade** – L'architecte Eduard von der Nüll a assuré la décoration de

### *Fidelio chante la liberté retrouvée*

*Le 12 mars 1945, une attaque aérienne provoque un incendie qui détruit entièrement la salle de spectacle. Après une décennie de travaux, l'Opéra rouvre en 1955, le jour de la signature du traité d'État mettant fin à l'occupation quadripartite de l'Autriche par les Alliés, avec une représentation de « Fidelio ». Cet opéra de Beethoven montre un héros, injustement accusé, qui retrouve la liberté. Un choix qui ne devait rien au hasard.*

### *Valse des décors à l'Opéra*

***Près de 2000 personnes assurent le bon fonctionnement de l'Opéra, une centaine étant affectée aux rotations incessantes des costumes et des décors. Faute de place, ces derniers doivent être entreposés au dépôt de l'Arsenal, distant de 4 km. Le déchargement des décors se fait automatiquement par des ascenseurs de 22 m de long qui les hissent à hauteur de la scène. Ultramoderne, celle-ci peut répondre aux exigences de la mise en scène contemporaine avec ses 1500 m², ses 50 m de profondeur totale, ses 45 m de haut, son armée de vérins hydrauliques, d'ascenseurs, de grues et son plateau tournant pesant 45 t. Chaque jour, on démonte le décor de la veille pour le remplacer par celui du soir, mais il arrive bien souvent que le décor d'une répétition s'intercale !***

l'édifice, tandis qu'August Siccard von Siccardsburg s'est chargé de la construction. Tous deux, accablés de critiques, moururent peu de temps avant l'inauguration. La façade, de style Renaissance française, arbore cinq statues en bronze dues à Ernst Julius Hähnel représentant l'Héroïsme, le Drame, la Fantaisie, l'Humour et l'Amour.

**Intérieur** – La salle des Gobelins est ornée de tapisseries modernes, évoquant *La Flûte enchantée* de Mozart, réalisées par Rudolf Einsenmenger. Le **foyer Schwind★** doit son nom au peintre Moritz von Schwind dont les fresques illustrent des scènes d'opéras. Autrefois réservé à la Cour, le **salon de thé** est décoré de draperies de soie frappées des initiales impériales. Après l'**escalier d'honneur★**, dont les lunettes sont ornées de reliefs peints par Johann Preleuthner (statues de Josef Gasser), on accède à la **salle de spectacle**. Erich Boltenstern, qui fut chargé de sa reconstruction, n'a pas renouvelé l'opulente décoration du théâtre à l'italienne voulue par les deux architectes initiaux. Renonçant à tout ornement, sacrifiant les ogives du dernier balcon et les colonnes qui gênaient la vue, il a conçu une salle en fer à cheval qui peut accueillir 2200 spectateurs et 110 musiciens. Si vous n'avez pas réservé (plusieurs mois avant), il existe une possibilité de dernière minute : les *Stehplätze (places debout, 3-4 € maxi 1 billet/j./pers.),* vendues 80mn

G. Azumendi/Photolibrary/Getty Images

*Escalier d'honneur du Staatsoper.*

avant le début de la représentation au guichet *Stehplatzkassa (Operngasse, à gauche de l'Opéra)*. Préférez les places de l'orchestre *(4 €)*. Mieux vaut venir au moins 2h à l'avance!

*« Nos adresses » p. 121 et « Pour en savoir plus » p. 158.*

## PHILHARMONIKERSTRAßE

Cette rue possède, en l'**hôtel Sacher** (n° 4), une véritable institution, fréquentée par les diplomates, les artistes lyriques... et les touristes. Bâti par Wilhelm Frankel pour le restaurateur Eduard Sacher, à l'emplacement de l'ancien théâtre de la Cour, il conserve le souvenir de Frau Anna Sacher, presque aussi connue que l'hôtel. À la fin du 19e s., celle-ci y servait son illustre clientèle en fumant le cigare. Le salon de thé aux velours rouges attirait jadis les gens de lettres, dont Arthur Schnitzler qui évoqua les « cabinets particuliers » de l'hôtel dans son *Souper d'adieu*.



Aujourd'hui, dans le café, le restaurant, le *Stube* ou la boutique, les gourmands du monde entier viennent déguster la fameuse *Sachertorte* (tarte au chocolat)... et croquer à pleines dents dans les clichés viennois!

## KÄRNTNER STRAßE

La Philharmonikerstraße bute sur la Kärntner Straße *(voir aussi p. 17)*. Au n° 51, en levant les yeux au-dessus des vitrines, on aperçoit l'imposante façade néo-Renaissance du **palais Todesco** (1864). Plus loin, l'**église des Chevaliers de Malte** *(Malteserkirche)* rappelle qu'en 1200, Léopold VI avait appelé à Vienne l'ordre hospitalier des chevaliers de St-Jean (chevaliers de Malte à partir de 1530) qui y érigea une chapelle. L'église actuelle, où sont suspendues 40 armoiries de membres de l'ordre, remonte au 14e s. En face se trouve le magasin **Lobmeyr** (n° 26 - *« Nos adresses/Shopping » p. 116*), maison fondée au 19e s. et symbole du cristal de luxe.

## ANNAGASSE★

À l'angle du **palais Esterházy** (17e s.) débute une rue étroite et pittoresque, bordée de bâtiments séduisants. Au n° 4, la façade du Kremsmünsterhof date du 17e s.; au n° 6, le Herzogen-burgerhof est résolument baroque; au n° 14, la maison « Zum blauen Karpfen » doit son nom à la carpe bleue toujours visible qui, vers 1700, servait d'enseigne à une taverne. L'**église Ste-Anne** *(Annakirche, n° 3b)*, édifiée dans le style gothique au 15e s. et remaniée dans le style baroque, abrite (chapelle gauche) le **groupe de la Sainte Parenté** (1510) en bois sculpté, attribué à Veit Stoss (de Nuremberg) ou au Maître du retable de Mauer, près de Melk. En Autriche, on observe les témoignages d'une dévotion particulière pour sainte Anne.

## HAUS DER MUSIK★

**(Maison de la Musique)**

*Seilerstätte 30 - 513 48 50 - www.hdm.at - - 10h-22h - 13 € (billet combiné avec la Mozarthaus 18 €).*

SE RESTAURER
Oberlaa ........ 48
Bitzinger's Würstelstand bei der Albertina ........ 99

PRENDRE UN VERRE
Bräunerfhof ........ 7
Gerstner ........ 40
Sacher ........ 8
Sluka ........ 44

SHOPPING
Dorotheum ........ 9
J. & L. Lobmeyr ........ 10
Kunstverlag Wolfrum ........ 38
Schella Kann ........ 43
Sisi Fashion ........ 47
Swarovski ........ 11

SORTIR
Opéra national (Staatsoper) ........ 3

Le palais de l'archiduc Charles est aujourd'hui consacré à la musique. Avec ses horaires d'ouverture tardifs, il constitue une manière intéressante et agréable de passer la soirée.
La boutique d'une luthière, le **Museum der Wiener Philharmoniker** et la Maison de la musique proprement dite (du 2e au 4e étage) animent le bâtiment d'une multitude de sons et de mélodies. Le lieu invite à explorer le monde des sonorités avec hauteurs et puissances de son, perception spatiale, etc., et à tester la sonorité d'instruments géants. Vous découvrirez aussi l'œuvre et la vie des grands maîtres de la musique viennoise. Vous vous transformerez en chef d'orchestre devant un écran sur lequel l'orchestre philharmonique de Vienne jouera en suivant vos mouvements de baguette! Achevez votre visite par le *Brain Opera*, où vous pourrez produire des sons et composer des airs de musique.



## JOHANNESGASSE

Parallèle à Annagasse, cette rue abrite l'**église des Ursulines** *(Ursulinenkirche, au n° 8)*. Appelées par l'impératrice Éléonore, des ursulines liégeoises firent construire leur couvent entre 1665 et 1675. La voûte en berceau de l'église abrite un retable de Johann Spillenberger, *Le Martyre de sainte Ursule* (1675).
Presque en face de l'église se dresse au n° 15 la **fondation des Dames de Savoie** *(Savoysches Damenstift)*, de 1688. Notez la niche de la façade où se loge une statue en plomb de la Vierge due à Franz Xaver Messerschmidt (1768).

## NEUER MARKT★

Cette belle place tout en longueur, jouit d'une agréable tranquillité malgré la proximité de la très commerçante **Kärntner Straße**. Jadis, elle accueillait le marché aux farines et des tournois s'y déroulaient. Une dominante d'immeubles du 18e s. ont préservé son empreinte baroque.
Au centre de ce « marché neuf » se dresse la **Donner-Brunnen★★**, fontaine érigée (1737-1739) par Georg Raphael Donner. Figure centrale et dominante, *La Prudence*, allégorie de la sollicitude et de la sagesse du gouvernement de la ville, surplombe anges et poissons crachant de l'eau. Les statues de la margelle personnifient des affluents du Danube : les rivières Traun (jeune pêcheur au harpon), Enns (vieux passeur barbu), Ybbs et March (deux nymphes), symboles des quatre provinces voisines.
L'angle sud-ouest est occupé par l'**église des Capucins★** *(Kapuzinerkirche - Tegetthoffstr. 2 - ✆ 512 68 53 - www.kapuziner.at - 6h-20h, visite possible en dehors des offices (lun.-vend. à 7h et 16h; sam. à 16h; dim. à 10h, 11h30 et 16h)*. Dédiée à N.-D. des Anges, elle fut construite de 1622 à 1632. Le bâtiment a été maintes fois remanié avant de retrouver son aspect original en 1936.
À gauche de l'église, pénétrez dans la **crypte des Capucins★★** *(Kapuzinergruft - ✆ 512 68 53 - www.kaisergruft.at - ♿ - 10h-18h, jeu. 9h-18h - 7,50 € - pensez à prendre un plan à l'entrée pour vous repérer)* qui sert de sépulture à la famille impériale

depuis plus de trois siècles. Douze empereurs, dix-sept impératrices et plus de cent archiducs sont inhumés dans cette crypte ; mais leurs cœurs se trouvent à l'église des Augustins et leurs entrailles dans les catacombes de la cathédrale St-Étienne. Les sarcophages de Léopold Ier et de Joseph Ier se trouvent dans la crypte de Charles *(Karlsgruft)* avec le **sarcophage de Charles VI★**, décoré d'écussons et d'une allégorie de l'Autriche en deuil, chef-d'œuvre de Balthasar Ferdinand Moll. Un seul des 140 tombeaux n'appartient pas à la famille de Habsbourg : celui de la comtesse Fuchs, qui avait élevé Marie-Thérèse, et que cette dernière tenait en telle estime qu'elle lui avait accordé l'honneur d'être inhumée avec la famille impériale.

W.Gredler/Insadco/age fotostock

*La fontaine Donner.*

## JÜDISCHES MUSEUM

### (Musée juif de Vienne)

*Dorotheergasse 11 - ✆ 535 04 31 - www.jmw.at - ♿ - tlj sf sam. 10h-18h - 12 € (billet combiné avec le musée de la Judenplatz) - audioguide 4 €.*

Fondé en 1895 par des membres de la communauté juive, le musée fut fermé par les nazis après l'Anschluss, puis rouvert en 1988 sous l'impulsion de la Ville de Vienne. Il présente une collection d'objets rituels et cultuels, de tableaux et de dessins. La muséographie, moderne et multimédia, évoque sur plusieurs étages les heurs et malheurs de la communauté juive à Vienne avant et depuis 1945. Au café Eskeles, spécialités ashkénazes et israéliennes.

*Voir aussi l'encadré p. 33.*

## DOROTHEUM

*Dorotheergasse 17 - ✆ 515 600 - www.dorotheum.com - lun.-vend. 10h-18h, sam. 9h-17h.*

Impossible de manquer la façade de cette institution ! À l'emplacement de l'église (16e s. ; vestige dans la cour) et du cloître Ste-Dorothée qui lui ont laissé leur nom, le Dorotheum abrite l'une des plus grandes salles de vente du monde. « Tante Dorothée » occupe plusieurs bâtiments néobaroques édifiés (1898-1901) par Emil von Förster. Les locaux de ce mont-de-piété fondé en 1707 par Joseph Ier recèlent antiquités, tableaux, sculptures et d'innombrables articles parfois proposés en vente libre.

*« Nos adresses/Shopping » p. 115.*

## PALAIS LOBKOWITZ - ÖSTERREICHISCHES THEATERMUSEUM

**(Palais Lobkowitz et musée national du Théâtre)**
*Lobkowitzplatz 2 - ✆ 525 24 3460 - www.theatermuseum.at - tlj sf mar. 10h-18h - 12 €.*
Construit de 1685 à 1687 sur les plans de Giovanni Pietro Tencalla, cet édifice italianisant a été retouché en 1709 par Johann Bernhard Fischer von Erlach (ajout de l'attique et du portail). C'est ici qu'eut lieu en 1804 la première de la *Troisième Symphonie* de Ludwig van Beethoven, dans le **grand salon★** *(Eroica-Saal)* peint à fresque en 1729 par Jacob van Schuppen.



Fondé en 1923, le **musée** expose un fonds constitué depuis le 17e s. rassemblant croquis, modèles de décors, costumes et de nombreux tableaux. Cet ensemble s'est enrichi avec le transfert des collections de l'ancien musée de l'Opéra national *(Staatsopernmuseum)*, fermé en 2014. Il accueille jusqu'en 2021 la collection de la **galerie de peinture de l'Académie des Beaux-Arts** *(p. 58)* qui comprend des pièces de grande valeur artistique et historique, dont la plus extraordinaire est le **Triptyque du Jugement dernier★★★** de **Jérôme Bosch** (1460-1516), composition où se côtoient monstres et détails horribles symbolisant les souffrances d'ici-bas. Remarquez également la *Lucrèce*★★ de Lucas Cranach l'Ancien (1532), l'*Autoportrait*★ d'Antoon van Dyck (vers 1615), le *Portrait d'une jeune femme*★★ par Rembrandt (1632) et les huit *Vues de Venise*★ de Francesco Guardi. *Pour le musée de l'Albertina tout proche, voir p. 50.*

### *Hans Hollein, « tout est architecture »*

*Grande figure du postmodernisme, l'architecte et designer viennois Hans Hollein (1934-2014) a travaillé à Vienne et à l'étranger. En France, on lui doit le musée Vulcania, en Auvergne (2002). Son influence internationale a été saluée dès 1985 par la remise du prix Pritzker. Diplômé en 1956 de l'académie des Beaux-Arts de Vienne, Hollein poursuit ses études aux États-Unis (Berkeley) et côtoie Mies Van der Rohe ainsi que Frank Lloyd Wright. C'est dans le centre-ville de Vienne que Hollein débute dans les années 1960. La **boutique de bougies Retti** (Kohlmarkt 12) se distingue par une entrée en aluminium (le « vrai matériau de notre siècle ») et l'absence de rupture entre la façade et l'intérieur, caractéristiques que l'on retrouve au n° 7 du Kohlmarkt, dans la **bijouterie Schullin** (1974, voir p. 115). Le style de Hollein se distingue par un mélange de matériaux – marbre, plastique, aluminium – et par un retour aux visées artistiques de l'architecture, détachée de tout fonctionnalisme. « La forme ne suit pas la fonction », déclare-t-il dans la revue « Bau ». Sa réalisation la plus connue est la **maison Haas** (1987), face au Stephansdom, qui suscita de nombreuses protestations (on lui suggéra même de « se jeter du haut de sa nouvelle construction » !). On lui doit aussi l'**extension de l'Albertina** (2003, p. 50).*
*www.hollein.com, site du cabinet d'architecte fondé par Hans Hollein.*

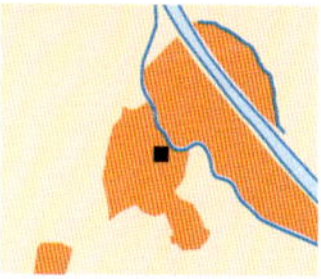

# Hofburg★★★

***Par son gigantisme et son faste, le palais de la Hofburg, que les souverains n'ont cessé d'agrandir et d'embellir, évoque à merveille l'époque où la maison d'Autriche régnait de la Castille aux Indes occidentales. Au fil du 20e s., l'ancienne résidence des Habsbourg s'est muée en un musée monumental et polymorphe. Et ce n'est pas fini : en 2019 ouvre la « Maison de l'Histoire » ! Fans de Sissi, amateurs d'art ou d'exotisme, chacun s'y retrouvera.***

**Accès :** Herrengasse et Volkstheater (U 3) ou Volkstheater (U 2).
***Plan détachable D4-5. Plan du quartier p. 46-47.***
**Conseils** : même sur un week-end prolongé, il est difficile de visiter la Hofburg dans son ensemble. Si telle était votre ambition, munissez-vous de la Vienna City Card (*p. 139*). Sachez aussi que divers billets combinent plusieurs visites. Enfin, prévoyez un passage nocturne pour contempler la résidence illuminée.
Moins de foule (surtout au musée Sissi) aux heures des repas ou à l'ouverture.
*Nos adresses à la Hofburg : p. 98, 115, 121.*

## EXTÉRIEURS

*www.hofburg.vienna.info.*
L'immense ensemble connu sous le nom de Hofburg, résidence des Habsbourg depuis le 16e s., présente un mélange de styles architecturaux allant du gothique à l'historicisme de la fin du 19e s. en passant par le baroque. Chaque génération a ajouté sa pierre à ce palais né de la forteresse (dont il ne reste rien) édifiée sur ce site en 1275 par Ottokar II de Bohême.
En venant par la Kohlmarkt et la **Michaelerplatz★** *(voir p. 20)*, on pénètre dans le complexe impérial en passant sous le **portail St-Michel★** *(Michaelertor)*, flanqué de sculptures retraçant la légende d'Hercule et surmonté d'un **dôme★** qui fascine tous les photographes. Le portail dessert la cour centrale **In der Burg**. La statue de François Ier d'Autriche est entourée par l'aile de Léopold *(face à vous)*, de style baroque italien, qui abrite la présidence de la République autrichienne, à droite, par l'Amalientrakt, l'aile d'Amélie, Renaissance, et *(derrière vous)* par le Reichskanzleitrakt, aile de la chancellerie, qui fut commencée en 1723. À gauche enfin, la **porte des Suisses★** *(Schweizertor)*, de 1552, mène à la partie la plus ancienne du château : Schweizerhof. Le passage suivant aboutit à la **Josefsplatz★**, dominée par la statue de Joseph II vêtu en empereur romain. Ici se font les entrées pour la salle d'apparat de la Bibliothèque nationale.
De retour à In der Burg, continuez vers l'immense **Heldenplatz★** (« place des Héros »), ornée de statues

équestres néobaroques. Elles ruent devant la façade incurvée du **Neue Burg** (1913), le palais des musées. Son pendant, qui devait voir le jour au nord-ouest, ne fut jamais réalisé.

## SILBERKAMMER, SISI MUSEUM, KAISERAPPARTEMENTS★

### (Collection de l'Argenterie impériale, musée Sissi et appartements impériaux)

*Accès par la porte St-Michel - ☎ 533 75 70 - www.hofburg-wien.at/fr - ♿ - 9h-17h30 (juil.-août 18h) - 13,90 €, 29,90 € billet combiné « Sissi » (Silberkammer, Sisi Museum, Kaiserappartements, Schönbrunn, Hofmobiliendepot), audioguide en français inclus.*



La **Silberkammer★** (collection d'Argenterie) présente des pièces remarquables utilisées jusqu'à la chute de la monarchie en 1918. Voyez le **Surtout de Milan★★** (1838) prévu pour une table de 33 m de long et le service de verres Lobmeyr.

Le **musée Sissi**, aménagé dans l'appartement de l'archiduc Étienne, raconte la vie de l'impératrice Élisabeth (portraits, robes, fac-similés de poèmes) en s'attardant sur sa personnalité singulière. Dans ses appartements, notamment dans les cabinets de toilette, vous verrez que celle qu'incarna Romy Schneider au cinéma n'hésitait pas à souffrir pour entretenir sa ligne. On apprécie la muséographie qui se garde du « culte de la personnalité » dont Sissi peut faire l'objet.

Le long chapelet des **appartements impériaux** occupe l'étage noble de l'aile de la Chancellerie et du palais d'Amélie. Une vingtaine de pièces, sur les 2600 que compte la Hofburg, sont ouvertes aux visiteurs. D'autres sont affectées au président de la République et à ses services. On visite la **grande salle d'audience** éclairée par les 80 bougies d'un lustre en cristal de Bohême, mais aussi la chambre de François-Joseph (redoutable matinal, il se levait à 4h20 !). Dans les appartements occupés par le tsar Alexandre Ier pendant le congrès de Vienne (1815) – au cours duquel, dit la rumeur, il se sentit plus concerné par les jolies Viennoises que par les négociations –, la table de la **salle à manger** brille de mille feux et n'attend plus que les convives. Voyez également le remarquable salon de réception décoré de tapisseries des Gobelins tissées à Paris en 1776.

## SCHATZKAMMER★★★

### (Chambre du Trésor)

*Schweizerhof 1 - ☎ 525 24 5202 - www.kaiserliche-schatzkammer.at - ♿ - tlj sf mar. 9h-17h30 - 12 €, billet combiné avec musée des Beaux-Arts et collections de la Neue Burg 20 € - audioguide 5 €.*

L'existence d'un trésor à la Hofburg est attestée dès le 14e s. En 1747, l'impératrice Marie-Thérèse le fit installer dans quelques salles qui s'étendirent ensuite au fur et à mesure que le trésor s'agrandissait. Les statues, peintures et tableaux sont aujourd'hui au musée des Beaux-Arts. Le **trésor impérial** regroupe les souvenirs, les reliques sacrées et

Ende

SE RESTAURER

Café Leopold ........ 33
Corbaci ........ 29
Do and Co Albertina ........ 31
Glacis Beisl ........ 88
Palmenhaus ........ 50

SORTIR

Passage ........ 22
Topkino ........ 6
Volksgarten ........ 7
Volkstheater ........ 8

SHOPPING

Quartier 21 ........ 26

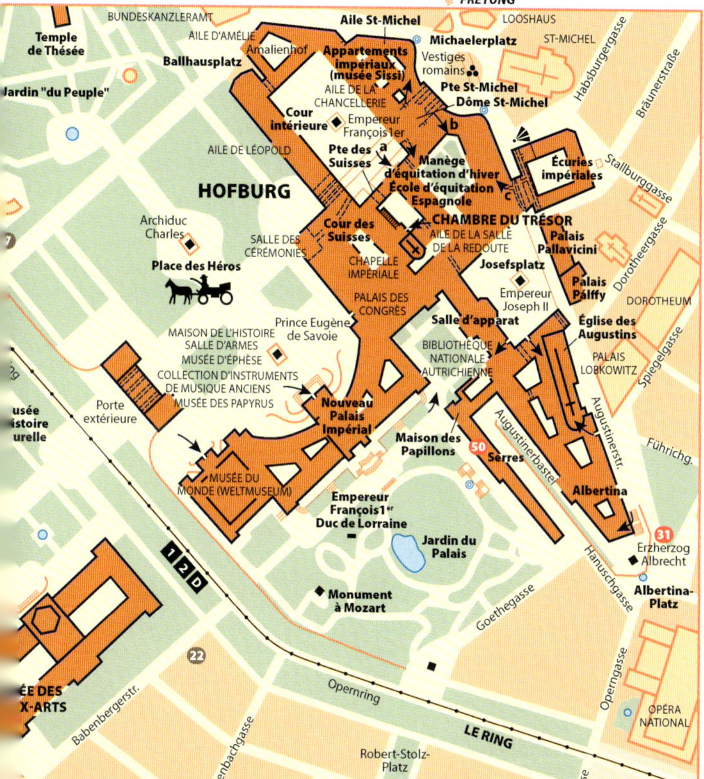


# DE LA HOFBURG AU MUSEUMSQUARTIER

les insignes de souveraineté des Habsbourg. Le **« trésor temporel »** *(Westliche Schatzkammer)* se compose d'objets reflétant la vie de la famille impériale. La couronne de Rodolphe II★★★ (16e s.) est accompagnée d'un sceptre et d'un globe, emblèmes impériaux par excellence. Une salle est consacrée à Marie-Louise, seconde femme de Napoléon, et à leur enfant. Vous verrez briller une émeraude colombienne de la taille d'un poing et la couronne★ du prince de Transylvanie Stephan II Bocskai, cadeau du sultan ottoman Ahmet Ier. Les plus anciennes pièces du « trésor temporel » datent de l'Antiquité tardive, comme cette coupe en agate (4e s.) provenant de Byzance que l'on pensa longtemps être le Saint Graal. Voyez les vêtements de cérémonie des rois normands de Sicile, tel le manteau de couronnement★★ de Roger II (1133). La couronne impériale★★★ (962) est sans conteste la plus belle pièce de la collection de joyaux du Saint Empire romain germanique. La sainte lance★★ (9e s.) passait pour être celle de Longin qui perça le flanc du Christ, et l'épée impériale★ (1200, mais fourreau du 11e s.) fut aussi jadis considérée comme l'arme de saint Maurice. Une salle regroupe enfin de fastueux vêtements et ornements liturgiques★★ du 15e s. Le **« trésor sacré »** *(Geistliche Schatzkammer)* réunit les objets liturgiques et les reliques utilisés à la cour impériale et à la chapelle de la Hofburg. Une copie miniature de la colonne de la Vierge★ (1680) de la place Am Hof est ornée de 3700 pierres précieuses. Vingt-deux bustes-reliquaires★ en argent des principaux saints témoignent de l'excellence de l'orfèvre viennois Joseph Moser.



## *L'art équestre à la viennoise*

*Les **lipizzans**, étalons montés par les cavaliers de l'École d'équitation espagnole, doivent leur nom au haras fondé par l'archiduc Charles en 1580 à Lipizza (Slovénie). En 1920, ils furent transférés au château de Piber, près de Graz, où se trouve aujourd'hui le haras national. Les sujets actuels sont les descendants de six grands étalons nés à la fin du 18e s. Tous se rattachent à une antique souche ibérique, déjà vantée au temps de César. Nés bais ou noirs, les lipizzans n'acquièrent leur livrée blanche qu'entre l'âge de 4 et 10 ans. Celui qui, exceptionnellement, reste de couleur sombre devient « bai brun de la Hofburg ». Côté cavalier, il faut 10 à 15 ans pour devenir dresseur. Après avoir appris à chevaucher sans étriers, le jeune cavalier se voit confier un ancien cheval… qui lui transmettra sa science. Au bout de cinq ans d'exercices, le cavalier peut participer aux représentations et hérite d'un jeune cheval qu'il devra élever au rang de « coursier d'école ». Il deviendra « grand dresseur ». Les airs de manège sont les figures que le cavalier apprend à son cheval. La plupart découlent d'exercices militaires de la Renaissance : le piaffer, la courbette, la croupade, la levade, la pirouette, la cabriole. Pour cette dernière, la figure reine, le cheval s'élève des quatre pieds à la même hauteur et détache une ruade.*

Atlantide Phototravel/Corbis/VCG/Corbis Documentary/Getty Images

*La Spanische Hofreitschule.*

## SPANISCHE HOFREITSCHULE★★

**(École d'équitation espagnole)**

*Josefsplatz/Michaelerplatz 1 - ✆ 533 90 31 - www.srs.at - achat en ligne, par téléphone ou auprès du « Visitor's centre » de la Michaelerplatz (sous la rotonde, mar.-dim. 9h-16h, vend. 9h-19h) - centre d'information : 9h-16h - visite guidée des manèges et des écuries (1h, en anglais et en allemand) : 14h, 15h et 16h, sf dim.-lun. de janv. à mars (arrivez au moins 20mn av. pour prendre la file) ; 18 € - séance d'entraînement en musique : mar.-sam. 10h-12h ; 15 €, billet combiné avec visite guidée 31 € - représentation : se rens. sur les dates et horaires - de 25 € (place debout) à 135 €.*

L'École d'équitation espagnole de Vienne (seconde moitié du 16e s.) est l'une des plus célèbres du monde. Elle pratique son art dans le **manège d'hiver** *(Winterreitschule)*, achevé par Joseph Emmanuel Fischer von Erlach en 1735. Intéressante création baroque, il est ceinturé par deux étages de galeries dominant le plateau d'évolution des fameux lipizzans *(voir encadré)*. Durant les représentations, menées en musique et tous lustres allumés, dont le clou est le quadrille de clôture, les écuyers portent l'habit brun à parements de soie noire, les culottes de peau blanche et le bicorne.

Quelques boxes à chevaux sont visibles par une grande vitre placée entre Josefsplatz et Michaelerplatz.

## ÖSTERREICHISCHE NATIONALBIBLIOTHEK★

**(Bibliothèque nationale d'Autriche)**

*Josefsplatz 1 - ✆ 534 10 394 - www.onb.ac.at - ♿ - mar.-dim. 10h-18h (tlj de juin à sept.), jeu. jusqu'à 21h - 8 € - audioguide en anglais 3 €.*

Les origines de la Bibliothèque nationale autrichienne remontent aux empereurs habsbourgeois du Moyen Âge. Bibliothèque de la Cour jusqu'en 1920, elle fait partie des plus importantes au monde : près de 8 millions de pièces inventoriés, dont plus de 3 millions d'imprimés. L'empereur Charles VI ordonna la construction du bâtiment, achevé en 1726 par Bernhard Fischer von Erlach et son fils Josef Emanuel. La **salle d'apparat**★★ *(Prunksaal)* avec son immense coupole présente le type le plus achevé de la bibliothèque baroque. L'ovale central abrite la bibliothèque du prince Eugène de Savoie. Coiffant deux étages de rayonnages cachant des cabinets de travail auxquels on accède par des portes dérobées, la fresque de la coupole, œuvre de Daniel Gran, représente l'apothéose de Charles VI.



En allant à l'Albertina, vous passerez devant l'**église des Augustins** *(Augustinerkirche - Augustinerstr. 3 - 7h30-17h30 ou 18h, w.-end 8h30-19h30)*. Église de la Cour, elle a été construite au 14e s. dans l'enceinte de la Hofburg. De nombreux mariages y furent célébrés dont celui de Marie-Louise (1810) avec Napoléon Ier.

☺ L'église accueille des concerts, mais la messe solennelle *(Hochamt)* du dimanche *(11h)*, particulièrement courue en raison de la qualité de l'accompagnement musical, offre l'occasion d'écouter les œuvres dans le contexte des cérémonies liturgiques pour lesquelles elles furent créées *(programme sur www.augustinerkirche.at)*.

## ALBERTINA★★

*Albertinaplatz 1 - ✆ 53 48 30 - www.albertina.at - ♿ - 10h-18h (merc. et vend. 21h) - 12,90 € - audioguide en français 4 €.*

Fort de 60 000 dessins et de près d'un million d'estampes de toutes les époques, ce musée possède la plus grande collection graphique du monde. Elle est abritée dans le palais qui domine la place du même nom, auquel fut adjointe en 2003 une structure métallique due à Hans Hollein *(voir encadré p. 42)*.

La collection d'origine doit son nom à son fondateur, le duc Albert de Saxe-Teschen (1738-1822), époux de l'archiduchesse Marie-Christine et gendre de l'impératrice Marie-Thérèse. Fondée en 1768, elle fut installée en 1795 dans le palais Tarouca, agrandi sous Albert dans le style classique. Le bâtiment et sa collection appartiennent depuis 1918 à la république d'Autriche.

En 1920, on y installa le cabinet des estampes. L'institution a par ailleurs considérablement étoffé sa collection en 2007, grâce au prêt concédé par les époux Batliner, férus d'impressionnisme et d'avant-garde.

Le 1er étage *(salles 1-16)* héberge les **salles d'apparat**★ *(Prunkräume)* de l'ancien palais, restaurées dans leur

faste de 1822. Elles servent d'écrin à l'exceptionnelle collection d'**art graphique** de l'Albertina, dont le **fonds Dürer** réuni par Rodolphe II ; parmi les pièces rares, notez *Les Mains jointes, Le Lièvre* ou *La Madone aux animaux* (seules des copies sont exposées). Au 2e niveau, *(salles 1-11)* changement d'époque avec l'exposition permanente **« De Monet à Picasso »** qui retrace l'évolution stylistique du 20e s. : avant-garde russe, expressionnisme allemand... Parmi les pièces présentées, issues de la collection Batliner, on peut admirer des peintures des deux grands maîtres, mais aussi des œuvres de Matisse, Kirchner, Nolde, Munch *(Paysage d'hiver)*, Klimt *(Ondines/ Poissons d'argent)*, Modigliani, Kokoschka, Magritte, Bacon ou Giacometti. L'offre de l'Albertina s'enrichit en outre de remarquables expositions temporaires *(sous-sol et 2e étage)*, qui présentent de nombreux chefs-d'œuvre de l'histoire de l'art.
Enfin, le sous-sol du palais abrite la **Cinémathèque autrichienne**, officiellement appelée « musée du Film » *(Österreichisches Filmmuseum - www.filmmuseum.at - séances 18h et 21h - 10,50 €)*, qui propose des programmations de qualité.
En contournant l'Albertina, on atteint le jardin **Burggarten** *(p. 54)*. Dans les grandes serres, voyez la **maison des Papillons** *(Schmetterlinghaus - 533 85 70 - www.schmetterlinghaus.at - ♿ - avr.-oct. : lun.-vend. 10h-16h45, sam.-dim. 10h-18h15 ; nov.-mars 10h-15h45 - 7 €)*. On se sent transporté dans un royaume féerique lorsque l'on pénètre dans la **serre Art nouveau** du palais de la Hofburg, où d'innombrables papillons voltigent dans un environnement tropical.

## WELTMUSEUM★★

### (Musée du Monde)

*Heldenplatz - Corps de Logis (mezzanine), Neue Burg - 534 30 5052 - www.weltmuseumwien.at - ♿ - jeu.-mar. 10h-18h (21h vend.) - 12 €.*
L'Autriche n'a jamais été une puissance coloniale mais les Habsbourg ont très tôt porté un vif intérêt aux cultures du monde. En témoignent les 14 salles de ce musée ethnologique qui a pour pièce maîtresse une somptueuse **parure aztèque en plumes de quetzal★★★** de 1515 *(salle 7)* ; dès 1596, elle faisait partie des collections de l'archiduc du Tyrol. Au 19e s., l'empereur François Ier racheta ce que l'explorateur James Cook avait glané en Polynésie, et l'archiduc François-Ferdinand revint d'Asie les bras chargés d'objets. Missionnaires, diplomates, savants et négociants autrichiens suivirent en rapportant aussi des « souvenirs » de leurs lointains voyages. Résultat : Vienne possède l'une des plus anciennes collections groenlandaises qui soit au monde et de rarissimes **bronzes★ du 14e s.** issus du royaume du Bénin *(salle 19)*.

## HOFJAGD UND RÜSTKAMMER★★

### (Salle d'armes)

*Heldenplatz - Corps de Logis (1er étage) Neue Burg - 525 24 4502 - www.khm.at - ♿ - jeu.-mar.*

*10h-18h (21h vend.) - 12 € (gratuit avec le billet du Weltmuseum).*
Cette très riche **collection d'armes et armures**, constituée à partir du 15e s. par l'archiduc Ernest de Styrie, fut complétée par la collection impériale des armes de la Cour en 1806. Notez les décorations filigranées des armures d'apparat, les heaumes et les selles des rois et empereurs. Par sa qualité et sa diversité, cet ensemble est tout à fait unique au monde.

## SAMMLUNG ALTER MUSIKINSTRUMENTE★★

### (Collection d'instruments de musique anciens)

*Heldenplatz - Neue Burg - ✆ 525 24 4602 - www.khm.at - ♿ - Se rens.*



La constitution de cette collection débute au 16e s. sous l'impulsion de l'archiduc Ferdinand de Tyrol. De nombreuses pièces de la Renaissance lui donne une valeur exceptionnnelle, riche d'instruments très rares : rebec★ (Venise, 15e s., salle IX), clavecin★ (Venise, 1559), cistre★★ (Brescia, 1574) et orgue★ (av. 1569, salle X). Remarquez les six trompettes★ partiellement dorées (Vienne, 1741 et 1746) ainsi que le piano ★ (Vienne, 1867) marqueté par Ludwig Bösendorfer pour l'Exposition universelle de Paris.

## EPHESOS MUSEUM★★

### (Musée d'Éphèse)

*Heldenplatz - Neue Burg - ✆ 525 240- www.khm.at - ♿ - Se rens.*
Dès le 19e s., des équipes d'archéologues autrichiens ont dégagé sur le site de l'antique cité ionienne d'Éphèse (actuelle Turquie) d'importants vestiges antiques. Sur l'île grecque de Samothrace, en mer Égée, ils ont aussi fait quelques belles découvertes qui sont venues compléter la collection des Antiquités grecques conservée au musée des Beaux-Arts *(KHM, p. 56)*. Parmi les pièces les plus significatives, signalons des fragments de l'autel du temple de Diane, et, surtout, la frise du monument des Parthes★★ (vers 170 apr. J.-C.), en marbre et longue de 40 m. Elle relate notamment l'adoption de Marc Aurèle. Ne manquez pas le magnifique Athlète d'Éphèse★★ ni le Garçonnet avec une oie★.

## HAUS DER GESCHICHTE

### (Maison de l'Histoire)

*Heldenplatz - Neue Burg - ✆ 534 10 805 - www.hdgoeat - Se rens.*
À l'occasion du centenaire de la fondation de la République (1918), la Hofburg s'est enrichie d'un nouveau musée qui vient combler une lacune importante : l'histoire, très mouvementée, de l'Autriche au 20e s. L'occasion de retracer les années de terreur nazie – c'est de ce balcon qu'Hitler, en 1938, a proclamé l'Anschluss (l'annexion de l'Autriche à l'Allemagne) devant une foule en liesse – mais aussi de s'interroger sur la notion, ô combien complexe, d'identité autrichienne.

# Le Ring★★

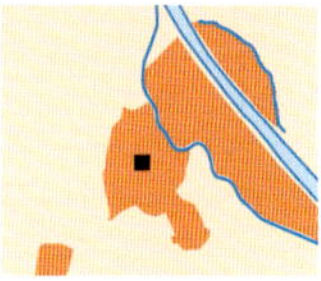

***Boulevard circulaire délimitant l'Innere Stadt (la « ville intérieure »), le Ring symbolise l'entrée de Vienne dans l'ère moderne au 19ᵉ s. Il demeure la colonne vertébrale de la ville où s'alignent institutions, hauts lieux de la vie culturelle, cafés et magnifiques jardins. Tramways, automobilistes pressés, nuées de cyclistes et piétons vaquant à leurs occupations glissent dans ce décor impérial, inchangé depuis son achèvement.***

▶ **Accès :** le tramway (1 et 2) fait le tour du Ring, idéal pour voir celui-ci sans se fatiguer. Deux lignes de métro le longent d'assez près : l'une entre Schottenring et Karlsplatz (U 2), l'autre entre Karlsplatz et Wien Mitte (U 4).

***Plan détachable CE3-5.***

▶ **Conseil :** parcourez le Ring à pied, à vélo ou en tramway dans sa totalité avant de choisir quelles visites effectuer. La ligne spéciale Ring Tram fait le tour en 25mn *(10h-17h30, ttes les 30mn - 9 €) avec commentaires en français.*

*Nos adresses au Ring : p. 100, 108, 116, 122, 126.*



## BÖRSE

**(Bourse)**

***D3*** *Schottenring 16 - Schottenring* U *2 et 4.*

L'architecte Theophil Hansen fut l'un des grands bâtisseurs du Ring. Avec la collaboration de Carl Tietz, il construisit la Bourse dans un style néo-Renaissance de 1874 à 1877.

## VOTIVKIRCHE

**(Église votive)**

***C3*** *Rooseveltplatz - Schottentor* U *2 et 4 - ☏ 406 11 92 - www.votivkirche.at - ♿ - église : mar.-sam. 10h-18h, dim. 9h-13h - musée : mar.-vend. 16h-18h, sam. 10h-13h ; 4 €.*

Deux flèches élancées signalent ce sanctuaire néogothique achevé en 1879. En cours de rénovation pour une longue période *(mais ouverte aux visites)*, cette église fut édifiée d'après des plans de l'architecte Heinrich von Ferstel, à l'initiative de l'archiduc Maximilien, futur empereur du Mexique, pour remercier Dieu d'avoir épargné l'empereur lors d'une tentative d'attentat en 1853. Le retable flamand du 15ᵉ s., dit d'Anvers, dans la chapelle de droite derrière le transept, et le **gisant★** (1530) du comte de Salm, dans le baptistère, sont remarquables.

## UNIVERSITÄT

**(Université)**

***C3*** *Universitätsring - Schottentor* U *2, 4 - lun.-vend. 6h-22h, sam. 7h-19h30 - cour à arcades et salle des Fêtes en accès libre.*

Cet édifice massif a été dessiné par Heinrich von Ferstel dans le style de la Renaissance italienne. Articulé autour de huit cours, il abrite la plus ancienne école supérieure de langue allemande après celle de Prague. Au plafond de la salle des Fêtes, reproduction en noir et blanc du décor que Gustav Klimt avait conçu en 1894 (il a brûlé en 1945). Les étudiants animent joyeusement le quartier.

## NEUES RATHAUS

### (Nouvel hôtel de ville)

**C4** *Universitätsring - Rathaus* U 2 - ✆ *525 50 - www.wien.gv.at* - ♿ - *visite lun., merc., vend. (sf j. fériés ou réunion du conseil) à 13h avec audioguide en français gratuit - dép. du bureau « Stadtinformation ».*

Difficile d'ignorer sa façade néogothique. La tour de 98 m est surmontée du porte-étendard « Rathausmann ». Des concerts sont donnés en été dans la cour intérieure à arcades. On visite les salles de réception, les salles de conseil et l'immense salle des fêtes. Suivant la coutume germanique, un *Rathauskeller* (restaurant) occupe les sous-sols.



## RATHAUSPARK

### (Parc de l'hôtel de ville)

**C3-4** *Rathaus* U 2.

Aménagé en 1873 par Rudolf Sieböck, cet agréable parc a été agrémenté de **huit sculptures★** honorant des personnalités marquantes de l'histoire de la cité : de Henri II Jasomirgott qui choisit Vienne comme capitale ducale à Josef von Sonnenfels, conseiller de Marie-Thérèse qui fit abolir la torture. En hiver, un grand **marché de Noël** et une patinoire s'y installent, éclairés par des lampions rouges donnant à l'ensemble un aspect féerique. En été, les pelouses deviennent parfois salles de cinéma en plein air.

## CAFÉ LANDTMANN

*Universitätsring 4 -* U 2 *Rathaus.*

Ce célèbre café viennois, créé en 1873 par Franz Landtmann, a pour clientèle la haute bourgeoisie de la ville, les hommes politiques du Parlement, et les artistes du Burgtheater. Freud aimait venir fumer son cigare dans ce cadre cossu.

*« Nos adresses/Prendre un verre » p. 108.*

## BURGTHEATER★

### (Théâtre de la Cour)

**CD4** *Universitätsring 2 -* U 2 *Rathaus -* ✆ *514 44 41 40 - www.burgtheater.at -* ♿ *- visite guidée : en anglais à 15h, tlj sf sept.-juin seult vend., sam. et j. fériés ; en allemand à 15h - 7 €.*

Inauguré en 1888, il se substitua à l'ancien Hofburgtheater de la Michaelerplatz fondé en 1741 sous le règne de Marie-Thérèse. La façade de style Renaissance fut conçue par Gottfried Semper, tandis que Carl Hasenauer décora l'intérieur dans un style néobaroque grandiose. Le Burgtheater fut longtemps considéré comme le plus important théâtre de langue allemande. Il est possible d'y admirer certaines œuvres de jeunesse de Gustav Klimt, qui, avec son frère Ernst et Franz Matsch, réalisa les **fresques★** du plafond au-dessus de l'escalier.

## PARLAMENT

### (Parlement)

***C4*** *Dr.-Karl-Renner-Ring 3 - Rathaus* **U** *2 - ✆ 401 10 2400 - www.parlament.gv.at - en cours de restauration jusqu'en 2020 (visites suspendues pdt la durée des travaux).*

Le Parlement (1873-1883) déploie une élégante façade qui n'est pas sans rappeler celle de l'Assemblée nationale française. Son architecte, Theophil Hansen, conçut le bâtiment en référence à la Grèce antique, berceau de la démocratie. L'**intérieur** est richement décoré. Le **vestibule**, le **hall des colonnes**, le **salon de réception**, la **salle des fêtes** et la **salle plénière** sont ornés de colonnes, de statues, de stucs et de peintures évoquant l'Empire, la République et les valeurs citoyennes. Sur place, infos sur le système politique autrichien.

## VOLKSGARTEN★

### (Jardin du Peuple)

***CD4*** *Dr.-Karl-Renner-Ring - Rathaus/ Volkstheater* **U** *2.*

Le « jardin du peuple » est le premier jardin public de la ville. Il a été dessiné entre 1819 et 1823 par Louis de Rémy. L'antique silhouette du **temple de Thésée**, réduction du Théseion d'Athènes, apporte une note méditerranéenne. Agrémenté de pièces d'eau, de statues et d'une roseraie, ce paisible parc ménage de jolies perspectives.

## NATURHISTORISCHES MUSEUM★

### (Musée d'Histoire naturelle)

***C5*** *Maria-Theresien-Platz -* **U** *2, 3 Volkstheater - ✆ 52 177 - ♿ - www.nhm-wien.ac.at - merc. 9h-21h, jeu.-lun. 9h-18h30 - 10 €.*

Les collections du musée d'Histoire naturelle datent de l'empereur François Ier, époux de Marie-Thérèse, et sont donc antérieures au musée lui-même, qui n'ouvrit ses portes qu'en 1889. La collection de minéralogie et de pétrographie★★ possède des pièces remarquables, parmi lesquelles un cristal de quartz de Madagascar long de 1 m, une topaze du Brésil de 117 kg et le célèbre



### *Le Ring : un anneau pour le prestige de Vienne*

*La période troublée des guerres napoléoniennes n'avait pas permis la réalisation de travaux d'urbanisme de grande envergure, et il faut attendre le règne de François-Joseph (1848-1916) pour qu'ils soient entrepris. En 1857, l'empereur signe le décret ordonnant de supprimer les bastions et de tracer une ceinture de boulevards autour de la ville. La création du Ring, boulevard de 4 km de long et de 60 m de large, planté d'ailantes, de tilleuls et de platanes, transforme la capitale en un gigantesque chantier. Des architectes et des artistes autrichiens et étrangers contribuent à la réalisation de cet « anneau », qui se retrouve jalonné d'édifices de style éclectique. C'est précisément cet historicisme que critiqua ensuite le mouvement de la Sécession. Cette fantastique succession de tours néogothiques, de frontons néoclassiques, d'attiques néo-Renaissance et d'ornements néobaroques fut généreusement érigée pour le prestige de la Vienne impériale, au son des valses de Strauss.*

bouquet en pierres précieuses★ (1760) offert par Marie-Thérèse à son époux, l'empereur François I$^{er}$.
La section consacrée à la préhistoire abrite la statuette dite Vénus de Willendorf★, qui affiche d'impressionnantes rondeurs et quelque 25 000 printemps, ainsi que celle dite Fanny de Galgenberg★. Cette dernière, taillée dans la serpentine, a été datée d'environ 32 000 ans, ce qui en fait la plus vieille sculpture féminine connue au monde.
Passé la salle des dinosauriens, la section de zoologie présente une exceptionnelle collection d'animaux naturalisés, dont un spécimen de dodo, espèce endémique d'oiseau de l'île Maurice disparue au 17$^{e}$ s.



## MARIA-THERESIEN-DENKMAL

**(Statue de Marie-Thérèse)**
**C5** *Maria-Theresien-Platz.*
Posée sur un piédestal s'élevant à plus de 13 m et haute de 6 m (19,36 m au total), cette statue de bronze a été érigée en 1888 par Caspar Zumbusch. L'impératrice est représentée assise, tenant le sceptre à la main. À ses pieds ont été réunies les statues équestres de ses généraux, les statues en pied de ses éminents serviteurs et des grands compositeurs de son règne (Haydn, Mozart).

## KUNSTHISTORISCHES MUSEUM★★★

**(Musée des Beaux-Arts)**
**CD 5** *Maria-Theresien-Platz - Volkstheater* U 2 et 3 *ou MuseumsQuartier* U 2 - *℘ 525 240 - www.khm.at - ♿ - mar.-dim. 10h-18h (jeu. 21h), tlj de juin à août - 15 € - audioguide en français 5 € (prévoir 2h mini).*
La passion des **Habsbourg** pour l'art est proverbiale. Les œuvres qu'ils ont collectionnées ont été regroupées en 1891 et forment un ensemble sans équivalent dans le monde. Le musée organise en outre d'intéressantes expositions temporaires.
Le **bâtiment**★ fut inauguré par l'empereur François-Joseph en 1891. La construction, d'après un projet de l'architecte viennois Karl Hasenauer, a été plusieurs fois remaniée. Les sculptures des façades représentent les différents arts ainsi que des artistes et des penseurs. Ils sont dominés par Pallas Athéna, protectrice des arts et des sciences.
L'intérieur s'avère une véritable œuvre d'art grâce à la correspondance entre la décoration de la salle et les œuvres exposées. Ainsi la somptueuse **cage d'escalier**★★, dont le plafond embelli de l'*Apothéose de la Renaissance* par Mihály von Munkácsy représente le panthéon des artistes de la Renaissance italienne.
**Collections antiques**★★ – Les collections égyptiennes et proche-orientales★ sont riches en sarcophages, sculptures et objets de la vie quotidienne. Remarquez le petit hippopotame en faïence bleu ou la tête de Thouthmosis III★★★.
Le département des **Antiquités grecques, étrusques et romaines**★★, contient des sculptures, des bronzes, des vases et la superbe

S. Sonnet/The Image Bank/Getty Images

*Café-restaurant du Kunsthistorisches Museum.*

Gemma Augustea★★★, camée en onyx finement gravé, célébrant les triomphes militaires d'Auguste. Ne manquez pas la salle XVII : elle réunit un ensemble exceptionnel de 23 vases d'or (avares ? pétchénèques ? bulgares ?) des 7e-9e s., découverts en 1799 à Nagyszentmiklós (Roumanie).

**Cabinet des monnaies** – Avec 700 000 pièces de toutes les époques, cette collection est l'une des plus importantes du monde.

**Galerie de peinture**★★★ – Elles proviennent des régions gouvernées par les Habsbourg... c'est-à-dire de presque partout ! Le point d'orgue en est sans doute la collection d'œuvres de **Pieter Bruegel l'Ancien**. Seize des 45 tableaux connus sont là, dont la fameuse *Tour de Babel*★★ et l'extraordinaire *Chasseurs dans la neige*★★★. Les peintres allemands tels **Dürer** *(La Sainte Trinité★★)*, flamands avec **Bosch** *(Le Portement de Croix★★)*, **Rubens**, **Rembrandt** *(Grand autoportrait★★)* et le merveilleux *Atelier du peintre*★★★ de **Vermeer** de Delft, italiens avec Titien, le Tintoret *(Suzanne et les Vieillards★★)*, **Raphaël** *(La Vierge à la prairie★★)* et **Caravage** *(Le Couronnement d'épine★★)*, espagnols avec les portraits d'infants★★ de **Vélasquez** sont quelques-unes des pièces incontournables de cette immense collection qui abrite aussi des têtes composées d'**Arcimboldo**.

**Kunstkammer**★★ – La prestigieuse salle d'art, installée dans une aile du rez-de-chaussée, est constituée de quelque 2200 objets précieux collectionnés par les Habsbourg, provenant du Trésor impérial et du cabinet de curiosités des empereurs, carrefour entre l'art et la science, – peintures, sculptures, mais aussi *mirabilia* et *scientifica*. Ce cabinet d'art, parmi les plus remarquables au monde, conserve des objets datant du Moyen Âge, de la Renaissance et du baroque, jusqu'aux styles éclectiques du 19e s. Ne manquez pas l'aquamanile en forme de griffon★ (12e s.), en bronze doré incrusté d'argent, le buste en marbre de l'archiduchesse Marie-Antoinette★ (1771) à l'âge de 15 ans, la statue équestre en ivoire du roi Joseph Ier★★ et un cabinet★ florentin orné de pierres dures par Giuliano Pandolfini (1622). La pièce la plus célèbre est la salière en or★★ réalisée en 1543 par Benvenuto Cellini pour le roi de France François Ier.

*Pour le MuseumsQuartier tout proche, voir p. 73.*



## BURGGARTEN

### (Jardin du Palais)

***D5*** *- Opernring - MuseumsQuartier* U 2.

Le jardin du palais impérial a été aménagé au début du 19e s. et ouvert au public en 1919. On voit à l'entrée la statue de Goethe, celle de François-Joseph, la statue équestre de l'empereur François Ier et le monument de Mozart. Le long de l'Albertina, des serres abritent la maison des Papillons (*p. 51*) et le restaurant Palmenhaus (*p. 98*).

## AKADEMIE DER BILDENDEN KÜNSTE - GEMÄLDEGALERIE★★

### (Académie des beaux-arts - Pinacothèque)

***D5*** *Schillerplatz 3 (1er étage) -* U *2 MuseumsQuartier ou Karlsplatz - ✆ 58 816 2222 - www.akademiegalerie.at - ♿ - en cours de restauration jusqu'en 2021 (pdt les travaux, la collection est exposée au palais Lobkowitz, p. 42).*

Érigé entre 1872 et 1876 par Theophil Hansen, ce bâtiment néo-Renaissance abrite à la fois une académie, qui forme des artistes, et un très beau musée. C'est ici qu'Hitler échoua au concours d'entrée de 1907. Devant l'académie se dresse une **statue de Schiller**, en compagnie de Goethe et entouré des allégories des quatre âges de la vie.

L'**Opéra national** *est décrit p. 36, et les environs de la* **Karlsplatz** *p. 63.*

## KÄRNTNER RING

***DE5*** *Karlsplatz* U 1, 2, 4.

Cette portion du Ring aligne palaces et boutiques de luxe. L'**Hôtel Imperial** (no 16) est installé depuis 1873 dans l'ancien palais de Wurtemberg (1865). Le 14 mars 1938, c'est ici qu'Hitler prononça son premier discours public après l'Anschluss.

En face, le **Café Schwarzenberg** (no 17) s'inscrit dans la grande tradition des *Wiener Kaffeehäuser* Belle Époque (*p. 160*).

## STADTPARK

### (Parc municipal)

***E5** Parkring - Stadtpark* U 4.
Ce vaste et agréable jardin public a été inauguré en 1862. La ville y honore ses musiciens avec les statues de Schubert, de Bruckner et le très célèbre **monument à Johann Strauss fils★**. La Wien canalisée qui traverse le parc forme un inattendu petit « canyon ». Le long du parc, le **palais Colloredo** *(Parkring 6)* appartenait autrefois à la famille Colloredo, dont fut issu le prince-archevêque, auquel Wolfgang Amadeus Mozart annonça son congé en 1781.

## MAK - MUSEUM FÜR ANGEWANDTE KUNST★★

### (Musée des Arts appliqués)

***E4** Stubenring 5 - Stubentor* U *3 - 711 360 - www.mak.at - - mar. 10h-22h, merc.-dim. 10h-18h - 9,90 €, gratuit mar. de 18h à 22h - boutique de design, brasserie.*
À ne surtout pas manquer! Non content de la qualité exceptionnelle de sa collection permanente, le MAK ne cesse d'innover. Dernière trouvaille en date : le **MAK Labor**, qui explore au sous-sol, au côté d'un fascinant échantillon de textiles produits à Vienne entre 1820 et 1845, le design de nos objets quotidiens classés par thème (communiquer, cuisiner, etc.). Le musée est installé dans un bâtiment de style néo-Renaissance édifié en

MAK-Austrian Museum of Applied Arts/Contemporary Art/©MAK/Georg Mayer

*Écritoire (1898) du créateur belge Henry Van de Velde, au MAK.*

1871 par Heinrich von Ferstel. Après sa transformation en 1993, il a bénéficié d'une **muséologie★★** remarquable. Au côté de superbes expositions temporaires, la collection est organisée par sections dont nous vous livrons un aperçu très succinct.

**Baroque, rococo et classicisme** – Salon de porcelainea (1740) issu d'un palais de Brno (Moravie); surtout du monastère de Zwettl composé de 60 figurines de porcelaine.

**Empire et Biedermeier** – Remarquable secrétaire ovale en cerisier★ (1825).

**Historicisme et Jugendstil** – Où l'on retrouve la fameuse chaise Thonet n° 14★, véritable icône de l'ébénisterie du 19e s.

**Collection de tapis** – Une petite mais fabuleuse collection de tapis anatoliens et iraniens★★, présentée de manière inédite, non sans rappeler les légendaires tapis volants !

**Vienne 1900** – Objets en verre et meubles par Josef Hoffmann, Koloman Moser et Dagobert Peche... Les dessins★★ réalisés par Gustav Klimt entre 1905 et 1909 pour l'hôtel Stoclet à Bruxelles constituent l'élément central de la salle. La section **Wiener Werkstätte** – soit la collection des **Ateliers viennois**★★ – est un passage obligé pour les amateurs d'Art nouveau ou d'Art déco.

**Collection Asie** – Ces pièces en provenance de Chine, du Japon et de Corée sont exposées de manière simple sur des étagères façon *Do It Yourself*, le tout appuyé par des explications rédigées à la main.



## STUBENRING

***E4** Stubentor* U 3.

Ce titanesque bâtiment de 250 m de long, flanqué d'un aigle en bronze de 16 m d'envergure, est l'ancien ministère de la Guerre (1912), aujourd'hui occupé par les ministères de l'Économie, du Travail, de l'Environnement et des Transports. Au-delà, l'**observatoire Urania** *(Urania Sternwarte - Uraniastr. 1)* construit par Max Fabiani (1910), a été conçu comme une « maison d'éducation du peuple ». Il abrite le premier « observatoire populaire » d'Autriche, accessible à tous.

## SCHWEDENPLATZ

***E3-4** Schwedenplatz* U 1, 4.

Le visiteur y rencontre le Danube, tout au moins le *Donaukanal* (canal du Danube). Ce nœud de transport jadis peu agréable est désormais embelli par une terrasse suspendue au-dessus des quais animés en été (promenade, jeux, bronzage, fête) et d'où partent les navettes fluviales qui relient Bratislava (Slovaquie) en 75mn. Belle vue sur les collines au loin et sur les buildings qui poussent dans le 2e arrondissement voisin *(Leopoldstadt p. 81)*.

De la station de tramway Schwedenplatz, vous pouvez facilement vous rendre par la ligne 1 longeant le Donaukanal *(direction Prater Hauptallee)* à la Kunst Haus Wien et à la **Hundertwasserhaus**★, toutes deux réalisées par l'artiste **Hundertwasser** *(encadré p. 62)*. À l'écart du Ring, ces bâtiments donnent une image radicalement différente de l'architecture viennoise.

## À L'ÉCART DU RING, DEUX ŒUVRES D'HUNDERTWASSER

Le long du **Donaukanal** (canal du Danube), la **Kunst Haus Wien** (maison des Arts de Vienne), avec sa façade bariolée, ses arbres sortant des fenêtres et son sympathique café a été conçue par **Hundertwasser** *(voir ci-dessus)*. *(**F4** Untere Weißgerberstr. 13 - Tram O, Radetzkyplatz - 712 049 10 - www.kunsthauswien.com - - 10h-18h - 12 €)*. Le lieu abrite un musée consacré à l'artiste (tableaux, gravures, plans

**L'artiste nu**

*Friedensreich **Hundertwasser** (Stowasser de son vrai nom) est né à Vienne en 1928. Son sens exceptionnel de la couleur, sa considération de la forme et du mouvement (dominé par la spirale) et sa relation fusionnelle avec l'environnement caractérisent son œuvre inclassable. Influencé par l'art de Schiele, formé à Paris et féru de voyages, l'artiste prolifique et polyvalent développe une théorie artistique proche du surréalisme : le transautomatisme, où l'imagination du peintre prime sur l'objectivité de ses représentations. Un principe qu'il applique notamment dans **Le Grand Chemin** (1955, exposé au Belvédère supérieur). Dans les années 1960, l'artiste développe un attachement profond à l'environnement, quitte à donner ses discours nu ! Dans ses réalisations architecturales des années 1980, il applique un principe selon lequel l'« homme est un invité de la nature et doit se comporter en conséquence ». Il ira jusqu'à construire un incinérateur à Spittelau (dans Alsergrund). Selon sa volonté, il a été enterré en l'an 2000 en Nouvelle-Zélande, sans cercueil, sans doute pour mieux communier avec les arbres. www.hundertwasser.at.*



et maquettes). L'autre partie accueille des expositions temporaires.

À quelques rues de là, les façades de la **Hundertwasserhaus★** valent vraiment le détour (« Maison de Hundertwasser » – **F4** *Kegelgasse 36-38 - ne se visite pas*). Si l'artiste fit ses débuts à Paris, c'est à Vienne qu'il exprima sa conception de l'habitat dans une réalisation niant tout conformisme architectural. La ville de Vienne fut le maître d'œuvre de cet immeuble commandé par l'ancien maire de la ville, Leopold Gratz, et achevé en 1985. Dans cet ensemble à vocation sociale, la variété des motifs architecturaux (loggia à arcades, galeries, statues et bulbes) et la diversité des matériaux (verre, brique, crépi peint), ainsi que le dénivelé des gradins aménagés en jardins suspendus, rompent avec la monotonie habituelle des grands ensembles. Controversée à Vienne, favorablement accueillie à l'étranger, cette HLM comprenant 50 appartements attire nombre de touristes et d'amateurs d'architecture.

Pourquoi ne pas poursuivre votre promenade du côté du Prater ? Il vous faut traverser le canal du Danube à pied (par le pont Franzensbrücke), ou bien reprendre la ligne 1 du tramway, jusqu'au terminus Praterallee (*Leopoldstadt p. 81*).

# *Wieden*★★

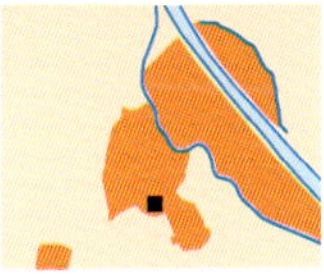

***Très prestigieux aux yeux des Viennois, Wieden se situe au sud de l'Innere Stadt, au-delà du Ring. L'immense Karlsplatz réunit d'importantes curiosités touristiques et culturelles, notamment le pavillon couronné de lauriers de la Sécession et l'église baroque St-Charles. À l'ouest, sur le terre-plein de la Wienzeile, s'étend le vaste marché de Naschmarkt, ponctué d'échoppes, tandis que de part et d'autre de l'artère se dressent quelques façades Jugendstil.***

▶**Accès :** métro Karlsplatz U 1, 2 ou 4.
***Plan détachable DE 5-6.***
▶**Conseil :** visitez le Naschmarkt le samedi matin.
Les alentours de la Schleifmühlgasse, avec ses cafés et boutiques décalées (mode, design) s'affirment comme un nouveau pôle de la mode.
*Nos adresses à Wieden : p. 100, 109, 116, 122, 126.*

## KARLSPLATZ

### (Place St-Charles)

***D5*** Espace aux limites difficiles à cerner, la Karlsplatz est l'un des principaux nœuds de transports en commun de la capitale. Lieu de transit, la place prend les soirs d'été un air de vacances : les Viennois aiment à se poser dans le **parc Ressel** *(Resselpark)*, où se cache une **statue de Brahms**, pour profiter de la fraîcheur des fontaines, du cinéma de plein air *(Kino unter Sternen, p. 143)* ou de l'étonnant résumé architectural qu'offrent les édifices alentour.
Entre les voies, voyez la **Kunsthalle Karlsplatz** *(11h-19h, jeu. jusqu'à 21h - 3 €)*. Cette salle pourvue d'un toit de verre sert d'extension à la Kunsthalle du MuseumsQuartier *(p. 73)* et accueille des expositions temporaires d'art contemporain.

## WAGNER-PAVILLONS★

### (Pavillons d'Otto Wagner)

***D5-6*** *Karlsplatz.*
Bordant la place, les deux pavillons (1899) dus à **Otto Wagner** se font face, dans le style si original de l'Art nouveau viennois (Jugendstil, *voir p. 156*). Leurs lignes associent de façon harmonieuse l'ossature en fer vert très visible et les plaques de marbre blanc, une construction autrefois innovante que recouvre un toit en tôle de cuivre ondulée. L'architecte a orné le bâtiment de reliefs dorés et de motifs en or enchâssés. Otto Wagner considérait le chantier du métropolitain, dont il eut la direction de 1894 à 1900, comme essentiel pour le visage de la Vienne moderne. L'un des pavillons de la Karlsplatz sert toujours d'accès au métro, mais aussi de lieu d'exposition

dédié aux réalisations d'Otto Wagner (*☏ 505 87 47 85 177 - avr.-oct. : tlj sf lun. 10h-18h - 5 €, gratuit 1er dim. du mois).*

## WIEN MUSEUM★

### (Musée historique de la ville de Vienne)

***E6*** *Karlsplatz - ☏ 505 87 470 - www.wienmuseum.at - ♿ - tlj sf lun. 10h-18h - 10 €, gratuit 1er dim. mois.*
Le musée illustre l'histoire de la ville à l'aide de plans – parmi lesquels la **Vue circulaire de Vienne au temps du premier siège ottoman★** (1529) – de photos et d'objets de diverses époques : découvertes faites sur le site du camp romain, vitraux et statues provenant de la cathédrale St-Étienne, « butin turc » du siège ottoman de 1683, porcelaines et verreries issues des manufactures viennoises, productions des Ateliers viennois *(Wiener Werkstätte)*, etc. Sont aussi exposés de beaux tableaux, parmi lesquels *L'Amour*★ (1895) par Gustav Klimt, ainsi qu'un *Autoportrait aux doigts écartés*★★ (1911) et *Jeune mère* (1914) par Egon Schiele. Intéressante reconstitution de l'appartement qu'occupaient l'architecte Adolf Loos et sa femme en 1903 au n° 3 de la Bösendorferstrasse.



## KARLSKIRCHE★★

### (Église St-Charles)

***D6*** *☏ 504 62 94 - www.karlskirche.at - lun.-sam. 9h-18h, dim. 12h-19h - 8 € (ascenseur panoramique pour la coupole) - audioguide en français.*

Dédiée à saint Charles Borromée, l'église, où se combinent en un magistral **ensemble★★** des styles et des éléments architecturaux très opposés, a été bâtie de 1716 à 1737 sur les plans de Johann Bernhard Fischer von Erlach, à la suite d'un vœu de l'empereur Charles VI pendant la peste de 1713.

**Extérieur** – On rapporte que c'est du haut de la colline romaine du Pincio que Fischer von Erlach aurait eu la vision de cette association inattendue entre la colonne Trajane, le portique romain et le dôme baroque. Deux colonnes inspirées de la colonne Trajane et ornées de bas-reliefs illustrant la vie de saint Charles Borromée flanquent un avant-corps avec portique rappelant une façade de temple. L'ensemble est encadré de deux tours écrasées, ajourées à l'étage inférieur. On aime ou on déteste...

**Intérieur** – En l'absence de nef, toute l'attention se porte sur la vaste **coupole★★** ovale, décorée de fresques de Johann Michael Rottmayr (1654-1730). L'édifice résume les thèmes baroques : accumulation des ornements, personnages en mouvement, éclairage indirect du maître-autel, effets de perspective. D'immenses pilastres divisent les murs en panneaux. La symétrie et l'harmonie président à l'ordonnance intérieure : le chœur correspond à la tribune et au porche, deux chapelles se font face, encadrées de deux autres, plus petites et ovales. La seule décoration, de marbre rose, est d'une grande sobriété.

manfredxy/iStock

*L'église baroque Saint-Charles.*



Au milieu du bassin, devant l'église, une monumentale sculpture en bronze du sculpteur britannique **Henry Moore** apporte un harmonieux contrepoint à la façade.

## SECESSIONSGEBÄUDE★★

**(Pavillon de la Sécession)**

**D5** *Friedrichstr. 12 - ✆ 587 53 07 - www.secession.at - mar.-dim. 10h-18h- 9,50 € (billet combiné Frise de Beethoven et expositions temporaires).*

À la fin du 19e s., les artistes du mouvement de la Sécession voulaient disposer d'un bâtiment où exposer des œuvres contemporaines du monde entier. Klimt en réalisa les esquisses, et un élève d'Otto Wagner, **Josef Maria Olbrich**, éleva en six mois ce joyau du Jugendstil, inauguré pour la deuxième exposition de la Sécession en 1898. Érigé comme « temple de l'art », il fut cependant dénigré en raison de son architecture révolutionnaire pour l'époque et on l'affubla du nom de « temple des rainettes vertes ».

La façade blanche et très sobre est dominée par une **sphère** constituée de 3000 feuilles de laurier en fer forgé dorées. Au fronton, on peut lire en lettres d'or : *« Der Zeit ihre Kunst, der Kunst ihre Freiheit »* (« À chaque époque son art, à l'art sa liberté »). Au-dessus du portail, un haut-relief fait surgir trois têtes de gorgones

**_Star de la peinture… et des boutiques de souvenirs_**

*Né à Vienne,* ***Gustav Klimt*** *(1862-1918), fils d'un orfèvre modeste, débute par un style académique avant de cofonder la Sécession en 1897. On le considère comme le « peintre de la femme » par excellence, le « messie » de la Sécession. Traités de façon naturaliste, ses personnages présentent souvent des corps aux contours anguleux, des surfaces abstraites. Bien que vu et revu sous toutes les formes,* ***Le Baiser★★★*** *(exposé au Belvédère supérieur) garde toute la puissance de ce désir suggéré autant par le dessin que par le contraste du programme ornemental. S'il devint le peintre de la grande bourgeoisie, Klimt bouscula aussi l'ordre établi. Dans le sillage d'Emilie Flöge, son amie, moderne et émancipée, il contribua à travers l'art et la mode, à faire tomber quelques barrières entre les deux sexes.*
***Pour en (sa)voir plus :*** *les œuvres les plus célèbres sont exposées au Belvédère supérieur (**p. 70**). Outre la frise du Pavillon de la Sécession, on peut voir peut voir ses dessins pour la frise du palais Stoclet au MAK (**p. 59**), et quelques-unes de ses peintures au Wien Museum (**p. 64**) ainsi qu'au musée Leopold (**p. 73**). Ouverte au public depuis 2012, la* ***Villa Klimt*** *abrite le dernier atelier de l'artiste (Feldmühlgasse 11 - 876 11 25 - www.klimtvilla.at - avr.-déc. : jeu.-sam. 10h-18h - 10 €).*



représentant la peinture, la sculpture et l'architecture. Le sous-sol abrite la célèbre **Frise de Beethoven★★**, réalisée par Gustav Klimt sur le thème de la 9e *Symphonie* en hommage au grand compositeur.

## NASCHMARKT★

**CD6** *Wienzeile.*
*Naschen* signifie « manger par gourmandise ». S'étendant sur 1,5 km entre le Getreidemarkt et la Kettenbrückengasse, ce **marché aux fruits et aux légumes** est réputé pour ses étals de produits aussi frais que fins, provenant souvent d'Europe centrale. Victime de son succès, il a un peu perdu de son authenticité. Mais, plus on se rapproche de la station de métro Kettenbrückengasse, plus les prix baissent et plus le pittoresque augmente. Le Naschmarkt s'anime autour de midi quand touristes et Viennois se mêlent, à la recherche d'un déjeuner parmi les quelque 120 stands, bars et restaurants.
Le samedi, son extrémité sud est occupée par un **marché aux puces** *(jusqu'à 16h30)*.

## IMMEUBLES D'OTTO WAGNER★

**C6** *Linke Wienzeile 38 et 40.*
Otto Wagner aurait voulu faire de cette artère qui relie la Hofburg à Schönbrunn une voie digne des empereurs. Le projet ne vit pas le jour, mais Wagner y érigea cependant deux immeubles d'habitation représentatifs des canons du Jugendstil. La façade du n° 40, connu sous le nom de **maison aux Majoliques** *(Majolikahaus)*, est envahie de motifs floraux en carreaux de faïence, appelés majoliques.
Au n° 38, la **maison aux Médaillons** ou maison aux muses *(Musenhaus)* se pare d'ornements dorés.

KARLSPLATZ
DOKUMENTATION
OTTO WAGNER
OTTO WAGNER
PAVILLON
KARLSPLATZ

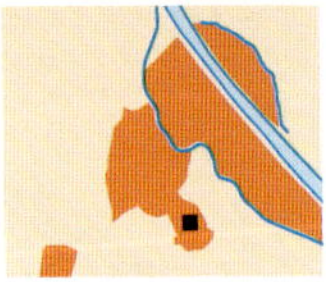

# Le Belvédère★★

***Le 3e arrondissement, au sud-est du centre-ville, est le quartier des diplomates. Autour de la Schwarzenbergplatz, des édifices majestueux s'alignent jusqu'au Belvédère, le fabuleux palais du prince Eugène de Savoie. Ses deux résidences abritent aujourd'hui de formidables collections d'art. La traversée des beaux jardins sera peut-être votre seul effort sportif du séjour. Une côte douce avec pour récompense un panorama sur la ville.***

▶**Accès :** Karlsplatz ou Stadtpark U 4, puis Tram Schwarzenbergplatz, S Renweg (pour Belvédère inférieur) ou Hauptbahnhof U 1 (pour Belvédère supérieur).

***Plan détachable E6-7.***

▶**Conseil :** pour tout voir dans l'ordre chronologique, commencez par le Belvédère inférieur, sa collection médiévale n'étant visible que le matin.

*Nos adresses autour du Belvédère : p. 101, 110, 127.*



## SCHWARZENBERGPLATZ★

### (Place Schwarzenberg)

Cette place monumentale porte le nom du prince Schwarzenberg, généralissime des armées coalisées de l'Autriche, de la Prusse et de Russie lors des campagnes de 1813 et 1814. Sa statue équestre en bronze (1857), par Ernst Julius Hähnel, se trouve au centre de l'esplanade.
À l'ouest trône l'**ambassade de France**, un édifice Art nouveau construit entre 1901 et 1909 sur les plans de l'architecte français Georges Chedanne.
Le **monument aux soldats soviétiques** fut dressé dès le 19 août 1945 en l'honneur des soldats de l'armée rouge tombés pour la libération de l'Autriche en 1945. Mal accepté par les Viennois, le soldat qui domine la colonne est ici surnommé « le pillard inconnu ».
Fermant la place au sud, le **palais Schwarzenberg** (1723) est l'œuvre de deux grands architectes viennois de l'époque baroque, Johann Lukas von Hildebrandt et Johann Bernhard Fischer von Erlach. Il fut en son temps une des premières résidences d'été à être réalisées à l'extérieur des murs de la ville. Il a été presque entièrement détruit en 1945, puis reconstruit. Non accessible à la visite, il aurait bien besoin d'une nouvelle mise en valeur.

## UNTERES BELVEDERE★

### (Belvédère inférieur)

***E6*** *Rennweg 6 - Karlsplatz U 1, 2, 4 - ✆ 795 57 134 - www.belvedere.at - 10h-18h (vend. 21h) - 13 €; 20 € billet combiné avec Belvédère supérieur - un autre billet combiné inclut aussi l'accès au Belvedere 21 (p. 72).*
Désaxé par rapport au Rennweg pour s'aligner avec la résidence supérieure,

le Belvédère inférieur est précédé d'une cour d'honneur ouverte par un imposant portail dont le fronton est orné de la croix de Savoie. Le long bâtiment achevé en 1716 présente une façade harmonieuse, notamment du côté du jardin, où l'utilisation de pilastres et de sculptures décoratives confère élégance au corps central et aux pavillons d'angle.
Le corps principal et l'orangerie abritent des **expositions thématiques** très intéressantes. Les œuvres bénéficient du cadre majestueux des appartements d'été du prince : **salle de marbre**★ et **cabinet doré**★★ ; la première est ornée au plafond d'une fresque de Martino Altomonte intitulée *L'Apothéose du prince Eugène*. Le second brille de toutes ses sculptures sur bois dorés et ses miroirs. L'**Orangerie**, l'ancien bâtiment des *Pomeranzen* (« oranges amères ») du Prince Eugène, accueille elle aussi des expositions temporaires.
Quant aux **écuries d'apparat dites Prunkstall** *(10h-12h)*, elles accueillent l'exposition **« Trésors médiévaux »** *(Schatzhaus Mittelalter)* qui complète la collection d'art médiéval du Belvédère supérieur.
Cette visite étant presque dépourvue d'explications, procurez-vous le livret consacré aux trésors médiévaux (en anglais ou allemand), librement mis à disposition en salle.



## BELVEDEREGARTEN

### (Jardin du Belvédère)

***E6-7*** *Mai-juil. : 6h30-21h ; de déb. août à fin sept. et avr. : 6h30-20h ; oct. : 6h30-19h ; nov.-fév. : 7h-17h30 ; mars : 7h-19h - entrée libre.*

Ce jardin à la française a été créé au début du 18e s. par Dominique Girard. Ce disciple de Le Nôtre était spécialisé dans les jeux d'eau. La partie supérieure du jardin est dédiée à l'Olympe, la partie médiane au Parnasse et la partie inférieure aux quatre éléments. Du point le plus haut, magnifique **vue**★ sur tout le Belvédère et la ville hérissée de clochers. Là, Vienne, que l'on se représente plate lorsque l'on se limite à la visite du centre historique, apparaît entourée de collines.
Les allées bordées d'herbes folles du **Botanischer Garten** voisin permettent une pause bucolique *(Jardin botanique - avr.-sept. : 10h-18h ; reste de l'année : fermeture à 16h ou 17h - entrée libre)*. Ne manquez pas l'Alpengarten et ses senteurs de mélisse et camomille *(Jardin alpin – de fin mars à déb. août : 10h-18h - 4 €)*.

## OBERES BELVEDERE★★

### (Belvédère supérieur)

***E7*** *Prinz-Eugen-Str. 27 - Hauptbahnhof* U1 - *795 570 - www.belvedere.at - 9h-18h (21h vend.) - 15 € ; 20 € billet combiné avec le Belvédère inférieur - audioguide en français 4 €.*

**Avertissement** – Le Belvédère est un musée qui se transforme substantiellement au gré des expositions et des emprunts de l'étranger. Il se pourrait que les œuvres citées ci-dessous ne soient pas visibles lors de votre passage.
**Le bâtiment** – La façade principale, orientée au sud, présente une puissante organisation. Le corps central est paré d'un somptueux

portail. À droite du vestibule d'entrée – la **Sala terrena★** avec ses quatre atlantes de Lorenzo Mattielli –, une salle est ornée de fresques de Carlo Carlone. L'escalier d'apparat permet d'accéder au 1er étage, où une immense salle de marbre rouge occupe toute la hauteur du corps central. C'est ici que fut signé le traité d'État mettant fin à l'occupation du pays par les puissances alliées, le 15 mai 1955.

**Collection d'art médiéval** – Elle se répartit entre les étables du Belvédère inférieur *(voir page ci-contre)* et quelques salles du rez-de-chaussée du Belvédère supérieur. La plupart des œuvres exposées représentent l'art religieux des écoles de Vienne, de Basse-Autriche et de Styrie de la fin du 14e s. au début du 16e s. Parmi elles : une Crucifixion★ (1449) par Konrad Laib ; la *Déploration*★ (v. 1469) du maître du retable viennois de Notre-Dame-des-Écossais ; plusieurs œuvres du peintre et sculpteur tyrolien Michael Pacher ; *La Légende de la chaste Suzanne*★ (1520) du peintre carinthien Urban Görtschacher.

**Art baroque ★** – *Aile gauche, 1er étage.* Ces salles offrent un excellent résumé de la peinture et de la sculpture autrichiennes du 18e s. Retenons *Le Christ au mont des Oliviers*★ (v. 1750) par Paul Troger et les **têtes★★** savoureuses de Franz Xaver Messerschmidt (1736-1783) qui expriment tous les états d'âme.

**Collections d'art des 19e et 20e s.** – *Aile droite, 1er étage et 2e étage.* Les œuvres rassemblées reflètent les



## *Les palais du petit capucin*

*Considérés comme des chefs-d'œuvre de l'art baroque, les deux palais du Belvédère ont été construits par l'architecte Johann Lukas von Hildebrandt pour le* ***prince Eugène de Savoie*** *(1663-1736), que ses soldats surnommèrent « le Petit Capucin » car il portait une simple tunique brune plutôt qu'un fastueux uniforme.*

*Louis XIV lui ayant refusé le commandement d'un régiment en France, Eugène de Savoie s'en alla offrir ses services à Léopold Ier qui les accepta. Bien lui en prit, car le prince devint l'un des principaux artisans de la défaite des Ottomans qui menaçaient le territoire des Habsbourg depuis plus de deux siècles : après avoir contribué à délivrer Vienne assiégée par le vizir Kara Mustafa, en 1683, il fut nommé généralissime et imposa aux Ottomans la paix de Carlowitz (1699), puis le traité de Passarowitz (1718) qui fixent la plus grande expansion territoriale de l'Empire.*

*Chef militaire, le prince fut aussi homme d'État : Feld-maréchal à 25 ans, il devient conseiller de Joseph Ier, puis ministre de Charles VI. Couvert de gloire et d'argent, il ajoute à son palais d'hiver (voir p. 17) deux magnifiques résidences. Le Belvédère inférieur fut édifié en 1716, comme résidence d'été, et le Belvédère supérieur en 1723, pour les fêtes données par le prince. L'ensemble fit dire à Montesquieu que dans ce pays « les sujets sont mieux logés que leurs souverains ». Acquis par les Habsbourg à la mort d'Eugène de Savoie, il servit plus tard de résidence à l'héritier du trône, François-Ferdinand.*

grandes tendances de la peinture autrichienne et internationale de ces deux siècles. Outre celles des impressionnistes (Monet, Renoir, Courbet, Van Gogh), les créations des artistes autrichiens méritent une attention particulière : Hans Makart *(Les Cinq Sens★)*, Anton Romako *(L'Impératrice Élisabeth★★)*, **Gustav Klimt** *(Le Baiser★★★, Judith★★, Sonja Knips★)* et **Egon Schiele** *(La Jeune Fille et la Mort★★, Rainerbub★★)*.

**Néoclassicisme et romantisme** – *Aile gauche, 2e étage.* Outre les peintures historiques, voyez les œuvres de Ferdinand Georg Waldmüller (*Le Matin de la Fête-Dieu★★*), Thomas Ender (*Le Großglockner avec le glacier★★*), Carl Moll (*Le Naschmarkt★*).



En sortant du Belvédère sur la Prinz-Eugen-Straße, poursuivez vers le sud et prenez l'Arsenalstraße : vous arriverez devant l'immense et futuriste **Hauptbahnhof** (ex-Südbahnhof), gare ferroviaire inaugurée en 2015 et appelée à dynamiser le quartier. Déjà, un nouveau complexe voit le jour entre la gare et Gürtel : le QBC (Quartier Belvedere Central), 25 ha de logements, bureaux et hôtels.

*« Pour en savoir plus » p. 167.*

## SCHWEIZERGARTEN & BELVEDERE 21

**(Jardin Suisse et Belvédère du 21e s.)**

*Arsenalstr. 1 - U 1 Hauptbahnhof - ♿ - ☎ 795 57 700 - belvedere21.at - merc.-dim. 11h-18h - 8 € (25 € billet combiné avec les autres collections des Belvédères inférieurs et supérieurs).*

DEA PICTURE LIBRARY/De Agostini Editore/age fotostock

*Carton préparatoire de Klimt, au Belvédère supérieur.*

Dans le **Schweizergarten**, trône un lumineux cube de verre : le pavillon autrichien de l'Exposition universelle de Bruxelles en 1958. Rénové, il accueille désormais, sous le nom Belvedere 21 (« Belvédère du 21e s. ») les collections d'art contemporain du complexe. La plupart des expositions sont temporaires, à l'exception de celle des **sculptures de Wotruba** qui occupent une partie du sous-sol. L'édifice abrite également une bibliothèque et un café-restaurant.

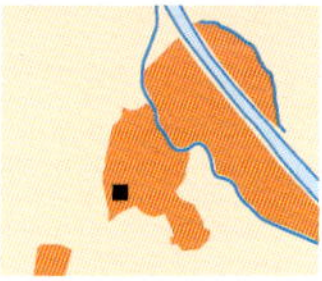

# Museums-Quartier★★

***Une ville dans la ville ! Un micro-État de la culture ! Le MuseumsQuartier (MQ pour les initiés) et ses édifices hétéroclites (les stucs y côtoient les passerelles en fer) promeuvent l'art sous toutes ses formes auprès de tous les publics. S'y ajoutent de beaux cafés-restaurants, des ateliers de mode ou de design… autant de lieux de rencontres que les Viennois affectionnent.***

▶**Accès :** MQ : MuseumsQuartier (U 2) ou Volkstheater (U 2 et U 3).
***Plan détachable BC5-6. Plan du quartier p. 46-47.***
▶**Conseil :** les enfants et leurs parents apprécieront l'espace de renseignements Wien Xtra Kid Info, et surtout le Zoom Kindermuseum, musée pensé pour les plus jeunes.
*Nos adresses au MuseumsQuartier : p. 101, 110, 117, 121, 127.*

Le MuseumsQuartier (MQ) rassemble depuis 2001, autour des anciennes écuries de la Hofburg, des musées, des manifestations, des résidences d'artistes, toutes sortes d'institutions et d'initiatives culturelles qui cohabitent en un seul lieu, ouvert 24h sur 24 (pour sa partie en plein air). Avec plus de 3 millions de visiteurs par an, il connaît un succès d'une ampleur inattendue. Symbole de cette réussite : l'enfilade de bancs qui occupent la cour centrale où les Viennois aiment lire, bavarder, prendre le soleil, et boire une bière, le soir venu.

C'est en venant de la Hofburg – il faut alors traverser le Ring et passer entre les deux musées « jumeaux » (*p. 55-56*) – que l'on comprend mieux la composition du MQ, entre prolongement (la façade des écuries impériales a été conservée) et rupture (qu'expriment, dans leur diversité, les architectures contemporaines) et le nouveau souffle que le projet a apporté à Vienne.

**MQ pratique** – *Informations au MQ Point - Museumsplatz - 523 5881 - www.mqw.at - 10h-19h - diverses offres, dont le billet combiné MQ Kombi-Ticket à 32 € incluant AzW, Kunsthalle, Leopold et Mumok - visite guidée du complexe (en anglais) : sam. à 15h ; 6 €.*

## LEOPOLD MUSEUM★★

### (Musée Leopold)

**C5** *(01) 525 70 - www.leopoldmuseum.org - ♿ - juil.-août : 10h-18h (jeu. 21h) ; reste de l'année : fermé mar. - 13 € ; 20,50 € billet combiné avec le Mumok - audioguide en français 4 €.*
Avec ce musée, un beau cube de calcaire blanc, la collection d'art du

médecin Rudolf Leopold dispose de salles d'exposition dignes de ce nom réparties sur quatre étages et deux sous-sols. Elle réunit plus de 5000 objets, dont la plus grande collection d'œuvres d'**Egon Schiele★★**, ainsi que d'autres œuvres importantes, exposées par roulement, des peintres autrichiens modernes, parmi lesquels Klimt (*La Vie et la Mort*★★, 1915-1919), Egger-Lienz, Kubin, Moser et Kokoschka.

## MUSEUM MODERNER KUNST (MUMOK)

**(Musée d'Art moderne)**

***C5*** *✆ 525 00 - www.mumok.at - ♿ - lun. 14h-19h, mar.-dim. 10h-19h (jeu. 21h) - 11 €; (20,50 € billet combiné avec le Leopold).*

La collection, constituée en 1962 et largement revalorisée en 1981 avec l'intégration de la fondation Ludwig, est installée dans un édifice (2001), couvert de basalte, aussi gris que le musée Leopold est blanc! Vous y trouverez, au gré des expos, un bel aperçu des courants les plus importants de l'art moderne et contemporain : expressionnisme (Richard Gerstl, Oskar Kokoschka, Ernst Ludwig Kirchner), futurisme (Fernand Léger, etc.), surréalisme (Man Ray, Max Ernst, René Magritte)... L'**actionnisme viennois**, variante spécifiquement autrichienne de l'art d'action, né à la fin des années 1950, y est largement représenté avec des œuvres de Günter Brus ou de Hermann Nitsch.



## KUNSTHALLE WIEN

**(Galerie d'art contemporain)**

***C5*** *✆ (01) 521890 - www.kunsthallewien.at - ♿ - 11h-19h (jeu. 21h) - 8 € (12 € billet combiné avec la Kunsthalle Karlspatz* *p. 63**).*

Située derrière l'ancien manège d'hiver, la Kunsthalle est vouée à l'art contemporain (peinture, sculpture, cinéma, photo, vidéo, spectacles, installations, nouveaux médias) dans deux vastes salles. Sa façade en brique, semblable à celle d'un bâtiment d'usine, illustre le fait que la Kunsthalle n'est pas seulement un espace d'exposition, mais également une « fabrique » de l'art. Même si l'exposition du moment de la Kunsthalle ne vous passionne pas, il est intéressant de jeter un œil à cette salle dont l'accès est libre. Remarquez le contraste entre la loge impériale baroque de l'ancien manège d'équitation d'hiver (qui fait maintenant partie du café du MUMOK) et l'habillage d'acier. Une annexe de la Kunsthalle est installée sur la Karlsplatz (*p. 63*).

## Q21

***C5*** *www.q21.at - 10h-20h - visite guidée ateliers d'artiste (1h) : sam. 15h (en allemand) et 16h (en anglais); 5 €.*

Le Q21 symbolise la volonté de faire du MuseumsQuartier un lieu de création artistique pour la culture numérique, la mode et le design. Plusieurs résidences d'artistes, des studios, une arène de spectacle et des ateliers permettent d'appréhender l'art en théorie et en pratique.

*Le ZOOM Children's Museum.*

## ARCHITEKTURZENTRUM WIEN (AZ W)

### (Centre d'architecture)

**C5** *www.azw.at - ♿ - 10h-19h - 9 €.*
Menant un travail de fond sur l'évolution de l'architecture, l'Az W organise tous les ans le congrès d'architecture de Vienne *(Wiener Architekturkongreß)*, forum international consacré à l'architecture et à l'urbanisme. Le centre possède **deux salles d'exposition** au sein du MQ. L'une d'entre elles est réservée aux expositions temporaires, l'autre retrace l'évolution de l'architecture autrichienne du 19$^{e}$ au 21$^{e}$ s. De Wagner au modernisme classique en passant par Vienne la rouge et la période nazie, la présentation est un véritable régal pour les férus d'urbanisme. Les panneaux et écrans sont traduits en anglais et dressent un parallèle entre grandes tendances viennoises et mondiales. Une bibliothèque spécialisée est accessible à tous *(merc.-lun. 10h-17h30 (19h le w.-end) - 3 €)*.
Également des promenades architecturales dans Vienne *(contactez Anneke Essl - essl@azw.at)*.

## DESIGNFORUM

### (Forum du design)

**C5** *☎ 524 49 490 - www.designforum.at - ♿ - 10h-18h ; sam.-dim. : 11h-18h - 2-5 € selon les expositions.*
Cet espace propose des expositions temporaires sur les différentes facettes du design, dans les domaines du graphisme, du multimédia, de l'industrie, de la décoration...

## ZOOM KINDERMUSEUM

### (Musée des Enfants)

**C5** *☎ 524 79 08 - www.kindermuseum.at - ♿ - tjl sf lun. 8h30-16h - expositions gratuites pour les enfants (parents 5 €), activités 6 € (gratuit pour 1 parent) - réserv. indispensable.*
Conçu comme une aire de jeux, le musée propose aux 6-12 ans des espaces interactifs, consacrés à la recherche et aux découvertes : pour les plus jeunes, un merveilleux monde du jeu sur le thème de l'océan, pour les plus grands, des expositions temporaires et un laboratoire multimédia. Pour suivre les ateliers, il faut parler allemand ou anglais.

# Neubau et Mariahilf

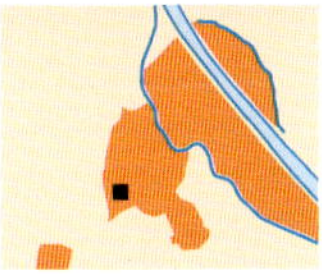

***Aux portes du MuseumsQuartier, s'ouvrent aux visiteurs désireux de sortir de la « vitrine viennoise » deux arrondissements en pleine transformation. Ils vous offriront, chacun dans son registre, l'occasion de faire une sérieuse cure de shopping et de côtoyer davantage de Viennois que de touristes.***

▶**Accès :** MuseumsQuartier (U 2) ou Volkstheater (U 2,3). Pour le garde-meuble impérial : Zieglergasse (U 3).

***Plan détachable AC4-6.***

▶**Conseil :** du MuseumsQuartier, l'escalier situé entre le MUMOK et la Kunsthalle permet d'accéder directement à Spittelberg.

*Nos adresses à Neubau et Mariahilf : p. 102, 111, 117, 121, 127.*

## NEUBAU

***BC5-6*** Le 7e arrondissement, organisé autour de **Neubaugasse**, rue perpendiculaire à la Mariahilfer Straße, est tout aussi commerçant que Mariahilf mais joue dans le registre des enseignes locales. Les vitrines ne doivent pas vous empêcher de lever les yeux vers les façades variées et attrayantes : le quartier du **Spittelberg★** ***(C5)***, par exemple. Il forme un rectangle délimité par les Burggasse, Stiftgasse, Siebensterngasse et Kirchberggasse. Jadis très prisé par la bohème viennoise, ce quartier doit sa renaissance aux marginaux des années 1970 qui s'y établirent. La ville de Vienne a remis ce périmètre en valeur en restaurant les bâtiments et en réservant la zone aux piétons. En perpétuelle animation, riche en boutiques (design, mode), cafés et restaurants, le Spittelberg est un lieu de rencontres. Marché artisanal chaque samedi d'avril à novembre.

### Collection impériale de meubles anciens★

***C6*** *Hofmobiliendepot - Möbel Museum Wien – Andreagasse 7 - U 3 Zieglergasse - ♿ - ✆ 524 33 57 - www.hofmobiliendepot.at - mar.-dim. 10h-18h - 9,50 €; billet combiné « Sissi » avec Schönbrunn, le Sisi-Museum, les Kaiserappartements et la collection d'Argenterie 29,90 €.*
Ce musée permet au visiteur de se faire une idée du goût des différents empereurs en matière de décoration intérieure : qu'il s'agisse du **cabinet égyptien**, de la **salle des Habsbourg** (où la naissance et la mort, les fêtes et les événements politiques sont illustrés par des objets de la dynastie) ou de la **salle de Laxenburg** au splendide mobilier 17e s. d'origine

allemande. Les pièces exposées laissent entrevoir la prédilection des Habsbourg pour les cultures étrangères et exotiques. Le 2e étage abrite l'entrepôt (toujours en activité) et une suite d'intérieurs – les **Biedermeierkojen** – constituée dans les années 1920 avec du mobilier de la Cour, qui illustre à merveille l'art privé bourgeois entre 1815 et 1848 *(voir aussi p. 155)*.

### Musée Westlicht de la Photographie

***B5*** *Westlicht Schauplatz für Fotografie - Westbahnstr. 40 - Zieglergasse* **U** *3 - ✆ 522 66 36 - www.westlicht.com - ♿ - horaires variables selon exposition (en général 14h-19h, jeu. jusqu'à 21h) - 8 € - visite guidée sur demande.*



Les expositions temporaires (photographie d'art et photojournalisme) raviront les esthètes, la collection permanente d'appareils photo (du daguerréotype à nos jours) séduira les technophiles.

## MARIAHILF

***BC5-6*** Pour les Viennois, le 6e arrondissement est synonyme de shopping. Sur son flanc nord, il partage avec Neubau la principale artère commerçante de Vienne, **Mariahilfer Straße**. Long de 2 km, cet axe est bordé d'enseignes internationales et noir de monde en permanence. Il relie le Ring à la Westbahnhof *(voir ci-contre)*.
Sur son flanc sud, Mariahilf est longé par la **Vienne**, ce ruisseau qui a donné son nom à la capitale de l'Autriche et qui se jette dans le canal du Danube.
Même si ce quartier a hébergé Ludwig van Beethoven *(Laimgrubengasse 22)*, d'octobre 1822 au 17 mai 1823, c'est surtout la personnalité de Joseph Haydn qui a marqué Mariahilf.

### Maison de Haydn★

***B6*** *Haydnhaus - Haydngasse 19 - ✆ 596 13 07 - www.wienmuseum.at - tlj sf lun. 10h-13h, 14h-18h - fermé 1er janv., 1er Mai et 25 déc. - 5 €.*
Le directeur musical du prince Esterházy acheta en 1793 dans le quartier alors neuf du « moulin à vent » cette maison où il vécut jusqu'à sa mort en 1809 et où il composa *La Création* (1798) et *Les Saisons* (1801), ses deux oratorios célébrissimes. Le musée nous plonge dans l'univers sonore du compositeur (extraits musicaux, fac-similés de partitions) et fait également une place à Johannes Brahms, grand admirateur de Haydn.

### Westbahnhof

***A6***.Située au bout de la Mariahilfer Straße, la gare inaugurée en 1858 fut longtemps le terminus de tous les trains venus d'Europe. Elle est à présent délestée d'une bonne partie de son activité par la nouvelle Hauptbahnhof (qui capte l'essentiel du trafic national et international), sans être négligée pour autant. Ses abords subissent actuellement une mue radicale. Le bâtiment reconstruit en 1952 est désormais encadré par des immeubles aux lignes et matériaux originaux. Le quartier de la Westbahnhof, très cosmopolite, abrite de nombreux restaurants et hébergements bon marché (auberges de jeunesse). Il sert souvent de base aux jeunes touristes.

# Josefstadt

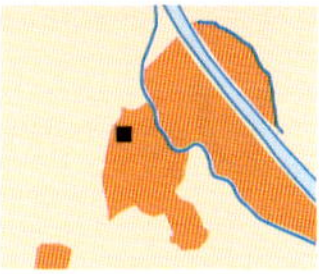

***Avec ses rues calmes et ses façades Biedermeier rénovées, le plus petit arrondissement viennois doit son nom à l'empereur Joseph II et s'apparente à un village à la mode. Les commerces de proximité et les cafés dominent – ici, les mini-marchés Billa, qui poussent ailleurs comme des petits champignons jaunes, se font discrets. L'Université toute proche et la population estudiantine apportent à ce quartier paisible une plaisante vitalité.***

**Accès :** métro U 2 *Rathaus.*
***Plan détachable BC3-4.***
**Conseil :** si Josefstadt n'est pas un incontournable d'un week-end à Vienne, s'y promener donne un aperçu de l'agréable vie qu'offre la ville, régulièrement placée en tête des classements internationaux des cités où il fait bon vivre.
*Nos adresses à Josefstadt : p. 102, 111, 124.*

Pour apprécier l'atmosphère singulière des lieux, débutez votre parcours par la **Josefstädterstraße**, rue tracée à l'emplacement d'une ancienne voie romaine et offrant des perspectives charmantes. Vous marchez ici dans les pas de Beethoven et de Zweig, anciens résidents du quartier. Le premier dirigea en 1822 le concert inaugural du **Théâtre de Josefstadt** *(n° 26).* Ne vous privez pas d'une petite pause sous les arbres de la place pavée de l'**église des Piaristes** *(Piaristenkirche Maria Treu - Piaristengasse/Jodok-Fink-Platz),* édifice achevé par Johann Lukas von Hildebrandt (1777). La belle façade de transition, entre baroque et classique, est encadrée par deux gracieux clochers terminés en 1860. Vous terminerez la visite du quartier au **musée des Arts et Traditions populaires** *(Österreichisches Museum für Volkskunde - Laudongasse 15-19 - ☏ 406 89 05 - www.volkskunde museum.at - mar.-dim. 10h-17h - 8 €),* abrité dans le palais Schönborn, une résidence campagnarde transformée en palais d'été en 1711, qui révèle différents aspects de la vie quotidienne des provinces autrichiennes du 17ᵉ au 19ᵉ s. : surchaussures en maïs tressé, cape en herbe des marais, armoires peintes du pays de Salzbourg... Notez, suspendue au plafond de la 1ᵉ salle, la figure de luge★ taillée dans le bois au Tyrol. Le musée possède également 350 **motifs textiles** ayant appartenu à Emilie Flöge, amie de Klimt, qui gérait un salon de mode sur Mariahilfer Str. À proximité, le **campus universitaire** *(Altes AKH, sur Alserstraße),* ville dans la ville, s'organise autour de cours de toutes tailles. Chacune offre une atmosphère différente : calme et fleurie ou immense et envahie par les terrasses de cafés et, l'été venu, des *Heurigen.* À partir de la mi-novembre s'y tient un marché de Noël.

# Alsergrund★

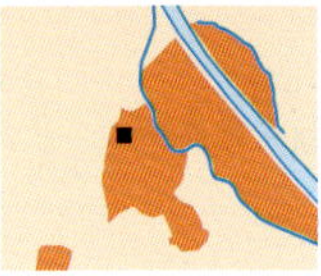

***Avec ses nombreux hôpitaux et maisons de repos, cet arrondissement situé au nord de l'Innere Stadt est celui de la science et de la médecine. Il connut plusieurs célébrités parmi ses administrés : Ludwig van Beethoven, Anton Bruckner, Sigmund Freud, Franz Schubert… Vous y trouverez des rues calmes et bourgeoises, d'immenses palais et des guinguettes le long du canal du Danube.***

▶**Accès :** métro U 2 Schottentor, Schottenring. Nombreuses lignes de tram. ***Plan détachable CD1-2.***
▶**Conseil :** le quartier se prête très bien aux flâneries notamment du côté de la Servitenplatz, toute proche du canal du Danube.
*Nos adresses à Alsergrund : p. 102, 111, 124.*



## SIGMUND FREUD MUSEUM★

**(Musée Freud)**
***D2*** *Berggasse 19 - Schottentor* U *2 - ✆ 319 15 96 - www.freud-museum.at - 10h-18h - 12 € (audioguide en français).*
Né en 1856 à Freiberg en Moravie (aujourd'hui Příbor en République tchèque), **Freud** arrive à Vienne en 1859 avec ses parents. Il habita cette maison de 1891 à 1938, avant de s'exiler à Londres, fuyant le régime nazi. Le musée occupe l'appartement du premier étage où Freud écrivit ses ouvrages; son cabinet de travail était au rez-de-chaussée. Le célèbre divan est cependant absent, il se trouve au musée Freud de Hampstead (Londres). En revanche, le mobilier de la salle d'attente fut rapatrié à Vienne par Anna Freud, la fille cadette du grand homme, elle-même psychanalyste. L'essentiel de la collection consiste en des documents photographiques (dépliant explicatif en français). Le visiteur se trouve plongé dans un panorama d'instantanés de la vie de Freud, depuis la maison de Freiberg jusqu'au départ pour Londres. Utile pour connaître l'homme, le musée laissera sur leur faim ceux qui aimeraient se pencher un peu plus sur l'œuvre du père de la psychanalyse.

## FRANZ SCHUBERT GEBURTSHAUS★

**(Maison natale de Franz Schubert)**
***C1*** *Nußdorferstr. 54 - ✆ 317 36 01 - wienmuseum.at - tlj sf lun. 10h-13h, 14h-18h - 5 €, gratuit 1er dim. du mois.*
**Franz Schubert** y vit le jour le 31 janvier 1797 et y vécut les quatre premières années de sa vie, avant que sa famille ne déménage au nº 3 de la Säulengasse. Au 1er étage, le musée regroupe divers objets et documents racontant la vie du compositeur.

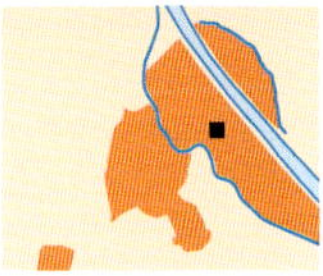

# Leopoldstadt★ et le Prater★

***La grande roue du Prater est à Vienne ce que la tour Eiffel est à Paris... Symbole de la ville, la Riesenrad plonge sur Leopoldstadt, qui s'est mué en paradis bohème et estudiantin, depuis l'implantation du campus de l'université des Sciences économiques (WU). À une communauté immigrée se mêle une partie de la communauté juive, à qui l'on doit indirectement le nom du quartier, puisque c'est lorsque Léopold Ier en expulsa les juifs en 1670 que l'endroit devint Leopoldstadt. Aujourd'hui, cafés et restaurants poussent autour des échoppes et des Imbiss du Karmelitermarkt, tandis que les boîtes branchées colonisent le Prater. Le jardin baroque d'Augarten constitue un agréable point d'observation d'une Vienne en plein métissage.***

▶ **Accès** : métro Nestroyplatz U 1 ou Taborstraße, Praterstern U 2.
***Plan détachable EG1-3.***
▶ **Conseil :** avec vos enfants, vous ne pouvez pas éviter le Prater !
*Nos adresses à Leopoldstadt et au Prater : p. 104, 118, 124, 128.*



## PRATER★

***G3-4, H4-5*** *Praterstern* U *1 et* S *1, 2, 3, 7 - 15.*
La première mention du Prater date de 1403. En 1560, Maximilien II transforme la grande île située entre les deux bras du Danube en terrain de chasse impérial. En 1766, Joseph II, empereur éclairé, ouvre au peuple le Prater, qui devient dès lors un lieu d'attractions. On y monte à cheval ou on s'y montre, mais surtout, à la Belle Époque, on y danse la valse viennoise, car le Prater est alors parsemé de cafés dansants. Aujourd'hui, le Prater est un gigantesque parc public grâce auquel Vienne figure en haut des classements du nombre de mètres carrés de verdure par habitant. Une partie du parc (Wurstelprater) est consacrée aux attractions foraines, ouvertes toute l'année jusque tard dans la nuit, parmi lesquelles figure la **grande roue★★** *(Riesenrad -* ***G3*** *☎ 729 54 30 - www.wienerriesenrad.com - ♿ - avr.-août : 9h-23h45 ; mars et oct. : 10h-21h45 ; sept. : 9h-22h45 ; nov. et fév. : 10h-19h45 ; de déb. déc. au 7 janv. : 10h-21h45 - 10 €*). D'un diamètre de 61 m, élevée par l'Anglais Walter Basset en 1897, elle servit de décor spectaculaire aux films *Le Troisième Homme* et *Tuer n'est pas jouer*. En quelques tours, on bénéficie d'une **vue★** saisissante sur Vienne. Suit un vaste terrain doté d'installations sportives : hippodrome, vélodrome et stade Ernst-Happel,

cadre des finales des championnats de football. Près de la grande roue, le **Pratermuseum** retrace l'histoire des premières attractions du parc *(Oswald-Thomas-Platz 1 - ☏ 726 76 83 - wienmuseum.at - vend.-dim. 10h-13h, 14h-18h – 5 €)*. À l'extrémité de l'allée principale partant du Pratersen se trouve le café **Lusthaus** (1783).

## JOHANN STRAUSS WOHNUNG★

### (Maison de Johann Strauss)

**F3** *Praterstr. 54 - Nestroyplatz* **U** 1 - *☏ 214 01 21 - www.wienmuseum.at - tlj sf lun. 10h-13h, 14h-18h - 5 €, gratuit 1er dim. du mois.*

Dans cette maison, où vécut son fils, Johann Strauss composa en 1867 le *Beau Danube bleu*, symbole de l'histoire longue et mouvementée de la valse viennoise. Portraits, photos, documents, **caricatures★** et objets racontent la vie du compositeur.



## KARMELITERMARKT

### (Quartier des Carmélites)

**E3** *Taborstraße* **U** 2.

Le 2e arrondissement connaît une mue intéressante. Vu de Schwedenplatz, ses façades attirent peu, mais il suffit de s'y enfoncer pour comprendre l'intérêt grandissant que suscite le quartier et apprécier son côté bohème chic. Le mélange de styles des façades s'avère harmonieux, et les grands immeubles Mitteleuropa se coiffent d'extensions modernes, tandis que cafés et restaurants se multiplient autour des échoppes et *Imbiss* du **marché** qui donne son nom au quartier.

### *Que faire des bunkers géants d'Hitler ?*

*En vous promenant dans les beaux quartiers viennois, peut-être aurez-vous la surprise de vous retrouver soudain au pied d'une tour de béton, sombre, sans âme ni fenêtre. Il s'agit de* ***Flaktürme****, des tours de défense antiaérienne aux allures de donjon médiéval qu'Adolf Hitler fit construire à travers le Reich après les premiers raids britanniques sur Berlin en 1940. À Vienne, six de ces bunkers verticaux (55 m de hauteur pour le plus imposant) furent ainsi érigés jusqu'en janvier 1945 dans trois parcs de la ville.*

*Trop coûteux à détruire, les Flaktürme demeurent le témoignage d'un passé que de nombreux Autrichiens voudraient oublier. Les Viennois ont fini par s'y habituer et, pour certains, par trouver du « charme » aux parois brutes qui contrastent avec les stucs en « crème Chantilly » des façades anciennes.*

*Après s'être lamentés sur ces verrues urbaines, les habitants en ont finalement pris possession :* ***Haus des Meeres*** *(maison de la Mer), la tour d'****Esterházypark****, sert de mur d'escalade et abrite sur 11 étages l'****aquarium*** *de Vienne (9h-18h, jeu. 21h - 18,50 €). Dans l'****Arenbergpark****, où les vieilles dames bien mises promènent leurs caniches, l'un des bunkers s'est transformé en annexe du musée des Arts appliqués (MAK), fermée pour travaux depuis 2016. Quant aux tours de l'****Augarten*** *(voir p. 84), elles pourraient trouver leur voie dans l'événementiel ou comme mémorial aux victimes du nazisme.*

## AUGARTENPARK

### (Parc Augarten)

**E1** *Entrée principale : Obere Augartenstr. 1 - Obere Augartenstraße* Tram *31 depuis Schwedenplatz* U 1, 4 - *6h30-17h30 (jusqu'à 21h selon saison).*
Dessiné en 1712 par le français Jean Tréhet, ce vaste espace fleuri abrite la manufacture de Porcelaine ainsi qu'un café-restaurant (*p. 104*) et un nouvel auditorium à son angle sud, le MuTh, où répètent les **Petits Chanteurs de Vienne** *(Wiener Sängerknaben)*, de la chapelle impériale de la Hofburg. Les événements culturels organisés dans le jardin attirent les familles et les jeunes fraîchement débarqués dans cet arrondissement qui monte.



## PORZELLANMANUFAKTUR AUGARTEN - PORZELLANMUSEUM

### (Manufacture de porcelaine Augarten - musée de la Porcelaine)

*Obere Augartenstr. 1 - ☎ 211 24 200 - www.augarten.com - lun.-sam. 10h-18h - musée : 7 €, billet combiné avec la manufacture 14 € (la visite de la manufacture est guidée, sans réserv., lun.-jeu. à 10h15 et 11h30).*
La manufacture de porcelaine fut fondée en 1718 et instituée manufacture impériale par Marie-Thérèse en 1744. Juste à côté, dans le château de plaisance impérial, un **musée** bien conçu retrace l'histoire de la production d'Augarten, de ses origines chinoises au Jugendstil en passant par le style Biedermeier.

Creativemarc/iStock

*À l'entrée du Parc Augarten.*

# Donaustadt★

***Bleu et vert, nature et loisir, Donaustadt dévoile un autre visage de Vienne. C'est ici que coule le beau Danube bleu, canalisé en trois bras. La « ville du Danube » est à l'image de ses gratte-ciel : moderne, résidentielle et cosmopolite. Le quartier symbolise à lui seul le renouveau de Vienne, ville qui a su tirer parti du choix de la neutralité autrichienne pour s'ériger au rang des capitales diplomatiques mondiales. L'arrondissement abrite aujourd'hui une dizaine d'institutions onusiennes.***

▶**Accès** : Donauinsel (île du Danube) U 1, Kaisermühlen (pour UNO-City) ou Alte Donau U 1 et Donaustadtbrücke U 2 pour accéder au vieux Danube.
***Hors plan détachable.***
▶**Conseil :** à 15mn en métro de Stephansplatz, Donaustadt fait office de grande base de loisirs viennoise (vélo, baignade, balades, café, etc.).
*Nos adresses à Donaustadt : p. 112.*

## DONAUINSEL

### (Île du Danube)

***Hors-plan*** *Donauinsel* U 1.
Née de la création du canal complémentaire du Nouveau Danube, Donauinsel est une étroite langue de terre d'une longueur totale de 21 km. Elle est entièrement consacrée aux **activités de loisirs** (cyclisme, jogging, sports nautiques, plages, cafés et paillotes) sauf en période de crue. Par une passerelle, on peut accéder à **Copa Cagrana** ainsi nommée en raison de sa proximité avec le quartier de Kagran.

## UNO-CITY★

### (Siège de l'ONU à Vienne)

***Hors plan*** *Wagramerstr. 3-5 - Kaisermühlen* U *1 - ✆ 260 60 33 28 - www.unis.unvienna.org - visite guidée en anglais et en allemand (1h, dép. du « Visitors Service ») : lun.-vend. à 11h, 14h et 15h30 (et 12h30 pdt vac. scol. d'été) - 10 € - fermé lors des j. fériés autrichiens et des j. fériés officiels de l'ONU (grandes fêtes religieuses chrétiennes et musulmanes - se rens.).*
L'**ONU à Vienne** : depuis le 23 août 1979, Vienne est l'un des quatre sièges de l'Organisation des Nations unies, avec New York, Genève et Nairobi. Près de 4000 fonctionnaires issus de plus de 110 pays travaillent au **Vienna International Centre** (VIC), familièrement surnommé UNO-City, domaine de 18 ha qui bénéficie d'un statut extraterritorial. Sept organisations de l'ONU y ont leur quartier général, dont l'Agence internationale de l'énergie atomique (AIAE) et le Bureau des affaires spatiales des Nations unies

(UNOOSA). D'autres organisations ont également une représentation permanente, comme le Haut-Commissariat des Nations unies pour les réfugiés (UNHCR). La « Cité de l'ONU » fut érigée d'après les plans de l'architecte autrichien Johann Staber au sein du Donaupark. Pour ces quatre énormes immeubles, dont le plus élevé atteint 127 m de hauteur, les Nations unies sont tenues de verser un loyer annuel symbolique de 0,07 € – l'équivalent de 1 schilling lors du passage à l'euro – à l'État autrichien, et ce, pendant une période de 99 ans. Au niveau architectural, le quartier qui entoure UNO-City est comparable à La Défense à Paris. La visite guidée du site permet d'accéder à un espace d'exposition temporaire et à une salle de conférence.



## DONAUPARK★

**(Parc du Danube)**

***Hors plan*** Créé en 1964 sur le site d'une décharge publique, le Donaupark est aujourd'hui le deuxième plus grand parc public de Vienne (100 ha) et l'un des plus attrayants. Sur son versant oriental se succèdent des plages avec piscines découvertes en bordure du Vieux Danube *(voir encadré ci-dessous)*. Grande attraction : la **tour du Danube**, plus haute construction de la ville (252 m) *(Donauturm - Donauturmstr. 4 - Kaisermühlen VIC* U *1 et* BUS *20b - ✆ 263 35 72 - www.donauturm.at - 10h-23h30 - 14,50 €)*. La plate-forme panoramique et rotative, à 165 m du sol, offre une **vue★★** spectaculaire et compte deux restaurants-cafés sur deux étages.

### *Se baigner dans le Danube, c'est possible !*

*De mai à mi-septembre, c'est la saison des bains à Donaustadt ! Le Vieux Danube (Alte Donau) et la partie canalisée (Neue Donau) offrent pléthore de carrés où poser sa serviette avant de se baigner dans des eaux paisibles et souvent translucides. Les bains-plages payants (« strandbad ») donnent droit à des douches, des jeux pour enfants, etc.*

***Pontons sur le Vieux Danube*** *(An der Unteren Alten Donau) – Donaustadtbrücke* U *2 (sortie Effenbergplatz). Cette belle promenade le long du Vieux Danube est agrémentée de plusieurs pontons en bois, d'accès public. Pris d'assaut lors des grandes chaleurs !*

***Plage sur le Vieux Danube*** *(Bundesbad Alte Donau) – Kaisermühlen VIC* U *1 (prendre à gauche en sortant du métro) - www.burghauptmannschaft.at - mai-août : 9h-19h30, w.-end et j. fériés 8h-19h30 - de 2 à 5,50 € selon l'âge. Une immense plage de gazon et des plongeoirs pour entrer dans les flots du Vieux Danube.*

***Plage sur l'île de Gänsehäufel*** *(Strandbad Gänsehäufel) – Kaisermühlen VIC* U *1 - ✆ 1 269 90 16 - www.gaensehaeufel.at - de déb. mai à mi-sept. tlj 9h-19h (w.-end à partir de 8h, et jusqu'à 20h de mi-mai à fin août) - de 2 à 5,90 € selon l'âge. Une plage aménagée qui accueille en été jusqu'à 18 000 baigneurs par jour. Le secteur sud-est est naturiste.*

*Le site www.wien.gv.at/freizeit/baeder fournit la liste des plages combinées à des piscines en plein air aménagées autour du Vieux Danube.*

29

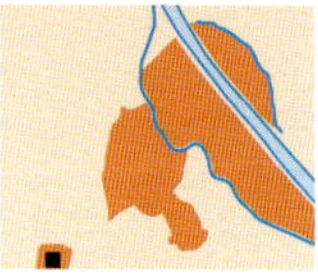

# Schönbrunn★★★

***Paris a Versailles. Vienne a Schönbrunn. Prenant comme modèle le château de Louis XIV, Joseph Ier a voulu une résidence à l'image de son vaste empire. Le château de Schönbrunn est à la hauteur de ses ambitions : immense façade ocre, galeries et salons somptueux, parc aux mille surprises (pandas géants, cactus des déserts, café sous un arc de triomphe, etc.). Des lieux fabuleux, où règnent les souvenirs de Marie-Antoinette, Sissi, Napoléon, Mozart, Kennedy…***

▶**Accès :** 5 km au sud-ouest du Ring. Métro Schönbrunn ou Hietzing U 4,.
***Hors plan détachable.***
▶**Conseil :** évitez la queue en achetant vos tickets sur Internet. Le ticket indique l'heure du début de la visite : présentez vous directement au contrôle.
*Nos adresses à Schönbrunn : p. 112, 124.*

## SCHLOSS SCHÖNBRUNN★★★



**(Château de Schönbrunn)**
***Hors plan*** *✆ 81 11 32 39 - www.schoenbrunn.at - juil.-août : 8h-18h ; sept.-oct. et avr.-juin : 8h-17h ; nov.-mars : 8h-16h30 - tarif selon formule : Imperial Tour 14,20 € ; Grand Tour 17,50 € ; Classic Pass 24 € (Grand Tour, labyrinthe, gloriette, jardin du prince héritier) ; Sissi Ticket 29,90 € (Schönbrunn, Hofburg, Kaiserappartements, collection d'Argenterie, collection impériale de Meubles anciens).*

**Histoire** – Il y a trois siècles, les immenses forêts qui s'étendaient ici offraient un terrain de chasse de prédilection aux **Habsbourg** qui acquirent en 1569 un pavillon avec la région environnante. C'est à l'empereur Matthias qu'est attribuée la découverte, au début du 17e s., de la source Schöner Brunnen (« belle fontaine ») qui donna son nom au site. En 1683, le pavillon fut détruit par les Ottomans. Dix ans plus tard, l'architecte Johann Bernhard Fischer von Erlach conçut le plan d'une résidence d'été pour la famille impériale. Après la mort de Charles VI, sa fille, Marie-Thérèse, le fit réaménager par Nicolas Pacassi, de 1743 à 1749, pour en faire ce que l'on connaît aujourd'hui. Le parc fut conçu par le paysagiste français Jean Tréhet, puis par Johann Ferdinand Hetzendorf von Hohenberg. Le château est inscrit au Patrimoine mondial de l'Unesco depuis 1996.

**Cour d'honneur** *(Ehrenhof)* – Le corps de logis développe sur 180 m une façade à avant-corps et à redans, dépourvus de la souplesse qui caractérisait la grande période baroque viennoise. L'harmonie de l'ensemble est soutenue par la couleur ocre, appelée « jaune Schönbrunn » ou « Marie-Thérèse », et rehaussée par les encadrements verts des fenêtres.

De la façade, belle **perspective**★★ sur le parc et la gloriette.

**Imperial Tour** – *visite de 22 salles d'apparat (30-40mn).* Dans la décoration intérieure triomphe le style rococo du 18$^{e}$ s. Les coloris (rouge, blanc et or), l'élégance des stucs encadrant de leurs volutes fresques et plafonds, les lustres, les poêles de faïence, les tapisseries et les meubles font de ces appartements un ensemble luxueux. Aux appartements de l'empereur François-Joseph et de l'impératrice Élisabeth font suite les salles d'apparat décorées par le peintre autrichien Joseph Rosa, et la grande galerie★★★, au plafond décoré de stucs dorés et d'immenses fresques. Deux cabinets chinois★ à laques et à porcelaines encadrent la petite galerie et la salle des cérémonies..

**Grand Tour** – *visite de 40 salles d'apparat, dont celles mentionnées dans l'Imperial Tour (50-60mn).* Les appartements de Marie-Thérèse sont les plus somptueux du château : salon Bleu, tendu de papiers peints chinois ; salon Vieux-Laque★, avec ses tables noires en laque d'Extrême-Orient ; chambre de Napoléon, tendue de tapisseries de Bruxelles, où dormit l'Empereur et où, le 22 juillet 1832, mourut son fils le duc de Reichstadt, âgé de 21 ans ; salon du Million★, ainsi nommé à cause du million de florins qu'il coûta, aux lambris en bois de rose et miniatures persanes.

**Musée des Carosses**★ *(Wagenburg) – ✆ 525 24 - 4702 - www.kaiserliche-wagenburg.at - ♿ - mars-nov. : 9h-17h ; déc.-fév. : 10h-16h (horaires spéciaux durant les fêtes de fin d'année) - 9,50 €.* Ce musée abrite une importante collection de carrosses d'apparat, équipages, traîneaux, chaises à porteurs et corbillards de la cour impériale du 18$^{e}$ s. au début du 20$^{e}$ s. : voitures de Marie-Louise, de Napoléon, de François-Joseph et d'Élisabeth, phaéton du fils de Napoléon★, couvertures et caparaçons somptueux, carrosse impérial★★ aux armes de François de Lorraine, orné de peintures.



### *Schönbrunn, entre cour impériale et guerre froide*

*Sous le règne de Marie-Thérèse, Schönbrunn était la résidence d'été de la cour : Marie-Antoinette, future reine de France, y passa son enfance. C'est dans la galerie des glaces que Mozart, âgé de 6 ans, étonna l'impératrice et ses courtisans par la précocité de son talent ; c'est dans le petit théâtre que fut joué plus tard son Don Giovanni. En 1805 et 1809, Napoléon I$^{er}$ y établit son quartier général. En 1815, lors du congrès de Vienne, la Grande Galerie fut le cadre de réceptions qui réunissaient un parterre de souverains, de princes et de diplomates. L'empereur François-Joseph y naquit et mourut. Et c'est ici que, le 11 novembre 1918, l'empereur Charles I$^{er}$, dernier des Habsbourg à régner, fut contraint de renoncer à « conduire les affaires de l'État ». Les 3 et 4 juin 1961, John F. Kennedy et Nikita Khrouchtchev s'y rencontrèrent pour un entretien historique, en pleine guerre froide.*

## SCHÖNBRUNNER SCHLOSSPARK★★

**(Parc du château de Schönbrunn)**

***Hors plan*** *☎ 877 50 87 - tlj. de 6h30 au crépuscule (entre 17h30 en hiver et 21h en été) - entrée libre.*

Tracé en 1772-1780 d'après les plans de Ferdinand von Hohenberg, le parc est une remarquable création de l'art baroque où se mêlent mode rococo et goût de l'antique. Des charmilles, des berceaux de verdure, des parterres servent de cadre à d'élégants groupes sculptés aux sujets allégoriques et à de gracieuses fontaines.

**Parc animalier★** (Tiergarten) – *☎ 877 92 94 500 - www.zoovienna.at - ♿ - avr.-sept. : 9h-18h30 ; mars et oct. : 9h-17h30 ; fév. : 9h-17h ; nov.-*



*janv. : 9h-16h30 - 20 €.* Créé en 1752 par François de Lorraine, ce parc est le plus ancien zoo baroque du monde. Au centre se trouve toujours le pavillon du petit-déjeuner de l'empereur. Dans l'Aqua-Terrarien-Haus, on peut entreprendre une « balade parmi les Amazones », admirer un récif corallien et étudier la flore et la faune de la forêt tropicale et du désert. Les pandas géants sont, depuis 2003, les vedettes du zoo.

**Serre★** *(Palmenhaus) – ♿ - mai-sept. : 9h30-18h ; reste de l'année : 9h30-17h - 6 €.* Inaugurée en 1882, la plus grande serre de verre et de métal d'Europe continentale abrite différentes zones climatiques où s'épanouissent 4 000 plantes.

**Gloriette★★** *– avr.-juin et sept. : 9h-18h, juil.-août : 9h-19h ; oct.-nov. : 9h-16h - 3,80 €.* Cette élégante construction à colonnes, couronnée de l'aigle impériale, fut érigée en souvenir de la bataille de Kolin (1757, guerre de Sept Ans). Belle vue de la **terrasse sur le toit** ; agréable café.

**Jardin du Prince héritier** *(Kronprinzengarten) – juil.-août : 9h-18h ; de mi-mars à fin juin et sept.-oct. : 9h-17h ; fermé de déb. nov. à mi-mars - 3,80 € (inclus dans le Classic Pass).* Situé en face de l'aile est du château aménagée par le prince Rodolphe (1858-1889), il contient une riche collection d'arbres à agrumes abrités en hiver dans l'Orangerie.

## HIETZING ET PENZING

***Hors plan*** Ces deux quartiers résidentiels proches de Schönbrunn offrent de belles promenades aux amateurs d'architecture. **Hietzing** (**U** 4 *Hietzing*) attira nombre d'artistes et d'intellectuels à la fin du 19e s. Dominé par les bâtiments de la télévision publique (ORF), ce quartier aristocratique est aujourd'hui le plus chic de la capitale. Il compte plusieurs édifices Biedermeier et un pavillon (station de métro) signé Otto Wagner *(mars-oct. : w.-end 10h-13h et 14h-18h - 5 €).*

Dans le tranquille quartier de **Penzing★**, voyez les riches collections de machines à vapeur et d'instruments de musique du **musée des Techniques★** *(Technisches Museum - 9h-18h, w.-end 10h-18h - 13 €)* ainsi que l'**église am Steinhof★★** *(Baumgartner Höhe 1 - sam. 16h-17h, dim. 12h-16h)*, bâtie en 1907 par **Otto Wagner**, lequel édifia également deux villas aux nos 26 et 28 de l'Hüttelbergstraße.

IOSEPHO II. AVGVSTO
ET
MARIA THERESIA AVGVSTA
IMPERANTIB.
ERECT. CIƆIƆCCLXXV.

# Proches périphéries

***Des vignes de Döbling aux décors futuristes des quartiers du Gasometer, bien des curiosités un peu éloignées des circuits touristiques classiques attirent les amateurs d'architecture, d'art contemporain ou d'ambiances pittoresques. Selon vos centres d'intérêt, n'hésitez pas à prendre le métro pour les découvrir, surtout si vous n'en êtes pas à votre premier séjour viennois.***

▶**Accès :** comptez 40mn de tram, bus ou métro du centre-ville de Vienne pour atteindre chacun des sites décrits ici.

***Hors plan détachable.***

▶**Conseil :** si Grinzing subit l'afflux touristique, Nußdorf et Neustift am Walde se révèlent particulièrement agréables avec leurs auberges conviviales. Plus vous vous éloignez du centre, plus les *Heurigen* gagnent en authenticité.

*Nos adresses dans les proches périphéries : p. 104, 124, 128.*



## DÖBLING★★

***Hors plan*** *Heiligenstadt* U *4, puis* bus 38a.

Pour découvrir Vienne côté campagne, direction Döbling ! Le 19e arrondissement, situé au nord de la capitale, en bordure de la Forêt viennoise, regroupe dans sa partie septentrionale les vignobles de **Grinzing** (très touristique), **Nußdorf** et **Neustift am Walde**. Ces villages, intégrés à la ville de Vienne depuis 1892, concilient demeures champêtres et villas contemporaines. Les collines couvertes de vignes offrent des vues magnifiques sur la capitale. Dans les **Heurigen**, les vignerons servent le vin nouveau et des plats consistants sur fond de musique locale. Mention spéciale à Neustift am Walde, dont les intérieurs du 18e s. sont bien préservés. Ne manquez pas l'ascension du long **chemin des Vignes** *(Mitterwurzergasse)*, en prenant à droite au rond-point à l'entrée de Neustift am Walde.

**Karl Marx-Hof★** *(Heiligenstädterstr. 82-92 -* U *4 Heiligenstadt)* – Face à la station de métro se dresse l'immense forteresse rouge, inaugurée en 1930 par la municipalité austro-marxiste qui administra Vienne de 1919 à 1934. Cet ensemble monumental, construit par Karl Ehn et connu de tous les étudiants en architecture, compte près de 1 400 logements ; elle comprenait magasins, buanderies, jardins d'enfants, infirmerie et bibliothèque.

## GASOMETER

### (Gazomètres de Vienne)

***Hors plan*** *Guglgasse 8 - Gasometer* U *4 - www.gasometer.at - visite guidée en français sur RV (1h) 15 € (3 pers. mini).*

Voici une autre vedette des revues d'architecture. Entre 1999 et 2001, dans le quartier de **Simmering**, quatre énormes réservoirs à gaz de 1896 ont été transformés en logements, commerces, salle de concert : briques, verre, puits de lumière... L'agence Coop Himmelb(l)au a imaginé la surprenante structure du Gazomètre B qui vient « caresser » le Gazomètre A, lui-même réhabilité par Jean Nouvel.

## AMALIENBAD

### (Piscine d'Amalienbad)

***Hors plan*** *Reumannplatz 23 - Reumannplatz* U *1, Quellenstraße/Favoritenstraße* Tram *6 - ✆ 607 47 47 - www.wien.gv.at - lun. 12h30-15h (séniors), mar. 9h-18h, merc. et vend. 9h-21h30, jeu. 7h-21h30, sam. 7h-20h, dim. 7h-18h - fermé 3 sem. en été - 5,90 € (15,40 € avec l'usage du sauna).*

Ce complexe de bains publics peut accueillir plus de 1000 personnes. Il a été construit dans le cadre des grandes réalisations de la Vienne socialiste des années 1920. Réalisé entre 1923 et 1926 par Otto Nadel et Karl Schmalhofer, ce centre innovait. Le client y bénéficiait – et y bénéficie toujours – de saunas, de bains thérapeutiques, d'une piscine entourée de galeries et couverte d'une verrière de 30 m de longueur. Le bassin du sauna des dames, richement décoré de céramiques, constitue l'élément le plus somptueux de ce complexe et vous transporte à l'époque du Jugendstil.

photoBlueIce/iStock / Ateliers Jean Nouvel

*Le gazomètre A, réhabilité par Jean Nouvel.*



## BROTFABRIK WIEN

### (Centre d'art contemporain)

***Hors plan*** *Absberggasse 27 - Reumannplatz* U *1, puis Absberggasse* Tram *6 - www.brotfabrik.wien.*

L'ancienne fabrique de pain Anker *(Ankerbrot Fabrik)*, située à un jet de tram de l'Amalienbad, ravira les amateurs d'**art contemporain**. Les bâtiments en brique de 1891, répartis autour de deux cours, ont été convertis en lofts, ateliers et **galeries** *(ouv. en général merc.-vend. 12h-18h, sam. 11h-16h)*. Il y a souvent de bonnes expos photo chez Anzenberg et Ostlicht, des meubles vintage chez Lichterloh et d'intéressantes installations chez Ernst Hilger.

# *Nos adresses*





*Terrasses ensoleillées sur Schwedenplatz le long du canal du Danube.*
J. Greune/Look/age fotostock

# Se restaurer

Restauration rapide *(Imbiss)*, stand de saucisses *(Würstelstand)*, auberge familiale *(Gasthaus)* ou viticole *(Heurigen)*, bistro *(Beisl)*, café, *Konditorei* (salon de thé) avec ses tartines et canapés, restaurant classique ou conceptuel, étoilé ou non : partout, les spécialités autrichiennes, traditionnelles ou « réinventées », côtoient les cuisines d'Europe centrale et des Balkans. Les adresses en vogue multiplient les menus bio, végétariens et végétaliens. Pour apprécier les vins et buffets d'un *Heuriger*, il faut rejoindre Döbling (*p. 92*). En hiver, profitez du vin chaud et des marrons, au printemps, des asperges et de la rhubarbe.



Pensez aussi aux cafés (*« Prendre un verre », p. 106*) qui servent quelques sérieux plats de subsistance. En outre, les *mittagsmenü*, menus servis entre 12h et 14h30 dans la plupart des restaurants et cafés, sont un bon plan pour tester des adresses parfois bien plus chères en soirée.

**Évitons les déconvenues** – Les cuisines s'arrêtent en général une heure avant la fermeture ; certains établissements ferment l'été, surtout en août ; enfin, les bons restaurants ouverts le dimanche sont une rareté !

*« Oubliez le Schnitzel ! », p. 162.*

*Repérez les adresses sur nos plans grâce aux pastilles numérotées (ex. 1). Les coordonnées en rouge (ex.* **C2***) font référence au plan détachable (à l'intérieur de la couverture).*

## STEPHANSPLATZ

***Plan de quartier p. 19***

### Moins de 16 €

64 **Trzesniewski** – ***D4*** - *Dorotheergasse 1 - U 1, 3 Stephansplatz - 01 5123291 - www.trzesniewski.at - lun.-vend. 8h30-19h30, sam. 9h-18h, dim. et j. feriés 10h-17h.* Derrière ce nom imprononçable (pour qui ne parle pas polonais) se cache une institution proposant de délicieux canapés, à deux pas de la cathédrale (autres adresses sur le site Internet). À consommer debout, ou assis sur les rares sofas disponibles aux heures des repas. Clientèle variée.

72 **Wrenkh** – ***D4*** - *Bauernmarkt 10 - U 1, 3 Stephansplatz - 01 5331526 - www.wrenkh-wien.at - tlj sf dim. 11h-23h - 17/32 €, formule déj. (en sem.) 10,50/11,50 €.* Un lieu plébiscité par les végétariens dans la vieille ville. La cuisine ravira même les carnivores qui voudraient faire un « écart vert ».

## FLEISCHMARKT

***Plan de quartier p. 23***

### Moins de 16 €

32 **Inigo** – ***E4*** - *Bäckerstraße 18 - U 3 Stubentor - 01 5127451 - www.inigo.at - lun.-sam. 9h30-minuit.* Il reste une table en terrasse ? N'hésitez pas. La vue sur l'église des Jésuites est charmante, la carte

appétissante et l'addition raisonnable (pour 1 € de plus, une petite salade du buffet). Et vous ferez œuvre de bienfaisance, Inigo est un restaurant caritatif qui aide des chômeurs de longue durée à remettre le pied à l'étrier.

## *De 20 à 35 €*

77 **Figlmüller** – **E4** - *Wollzeile 5 - U 1, 3 Stephansplatz - ✆ 0512 6177 - www.figlmueller.at - 11h-22h30 - plat 12,50/20,50 €.* Les Wiener Schnitzel de Figlmüller sont inoubliables ! Situé dans un passage, cet établissement plus que centenaire connaît un tel succès qu'il a ouvert une annexe à deux pas (Lugeck 4) et une autre à 200 m (Bäckerstr. 6), plus calme et ouverte jusqu'à 23h30.

78 **Buxbaum** – **E4** - *Grashofgasse 3 - U 1, 3 Stephansplatz - ✆ 01 2768226 - www.buxbaum.restaurant - lun.-sam. 11h-23h (cuisine 12h-15h et 17h-22h) - déj. 15/37 €, dîner 28/41 €, menus 56/68 €.* Une des plus agréables terrasses de la vieille ville, blottie dans la Heiligenkreuzerhof. Cuisine de la nouvelle vague autrichienne et cadre soigné. Petit-déjeuner le samedi.

79 **Labstelle** – **E4** - *Lugeck 6 - U 1, 3 Stephansplatz - ✆ 01 2362122 - www.labstelle.at - tlj sf dim. et j. fériés 11h30-2h, sam. 10h-2h - 32/36 €, menu surprise 50 € (4 plats), formule déj. 13 € (végétarien)/14 €.* Ce restaurant est devenu le porte-étendard de la « slow food » en plein centre historique de Vienne. Dans l'assiette, des spécialités inventives, concoctées à partir de produits locaux, et servies dans un cadre design et lumineux. Quelques tables dressées dans le charmant passage donnant sur Wollzeile. Petit-déjeuner le samedi.

80 **Pfudl** – **E4** - *Bäckerstr. 22 - U 1, 3 Stephansplatz - ✆ 01 5126705 - www.gasthauspfudl.com - 10h-0h - 16/32 €, formule déj. 9,50 €.* L'un des grands classiques parmi les Beisl de la capitale, dont la vaste terrasse donne sur l'église des Jésuites. Authentique cuisine viennoise et bonne formule déjeuner.

53 **Plachutta** – **E4** - *Wollzeile 38 - U 3 Stubentor - ✆ 01 5121577 - www.plachutta.at - 11h30-0h - 25/34 €, suppl. couvert : 3,20 €.* Ici, la spécialité est le Tafelspitz, un pot-au-feu accompagné de légumes et de raifort. Touristes et Viennois apprécient l'atmosphère conviviale. Autres adresses en ville.

81 **Xpedit** – **E4** - *Wiesingerstr. 6 - Tram 2 Stubentor, U 3 - ✆ 01 512331323 - www.xpedit.at - tlj sf dim. 12h-15h, 18h-23h, sam. 18h-23h - 19/28 €.* Une cantine branchée dans la rue de la Caisse d'épargne de la poste. L'intérieur vaste et harmonieux se conjugue avec de savoureuses spécialités de Ligurie.

## FREYUNG ET HOHER MARKT

***Plan de quartier** p. 28-29*

## *Moins de 16 €*

73 **Würstelstand** – **D4** - *Hoher Markt - U 1, 3 Stephansplatz - ✆ 0699 18462186 - lun.-jeu. 9h-4h, vend.-sam. 9h-5h, dim. 10h-2h.* Le kiosque à saucisses du Hoher Markt est prisé pour ses horaires et ses Käsekrainer (au porc et au fromage).

### *De 17 à 30 €*

(82) **Julius Meinls Weinbar** - ***D4*** - *Graben 19 - U 1, 3 Stephansplatz - ✆ 01 5323334 - www.meinlamgraben.at - tlj sf dim. 11h-0h - formule déj. sem. 10,70/13,70 €.* Le célèbre torréfacteur viennois possède aussi un bar à vin. Dès la rue, la vue plongeante sur les tablées et les rayonnages de bouteilles augure un moment agréable, que ce soit pour un repas ou juste un verre.

(76) **Zum Schwarzen Kameel** – ***D4*** - *Bognergasse 5 - U 1, 3 Stephansplatz - ✆ 01 5338125 - www.kameel.at - tlj sf dim. et j. fériés 8h-0h (cuisine 23h, Delikatessen 21h) - plats 24/39 €.* Restaurant élégant, « Au Chameau noir » a aussi un coin « Konditorei » (salon de thé-pâtisserie) fort agréable. Dans un décor de bois noble, vous picorerez des canapés excellents et des pâtisseries. Un succès depuis 1618 !

### *De 31 à 50 €*

(38) **Fabios** – ***D4*** - *Tuchlauben 4-6 - U 1, 3 Stephansplatz - ✆ 01 5322222 - http://fabios.at - tlj sf dim. 9h-1h (cuisine 12h-23h) - 27/45 €.* Design intérieur primé (cuir, bois) et ambitieuse cuisine italienne font le succès du lieu. En prime : d'excellents cocktails ! Réservation conseillée.

(42) **Julius Meinl am Graben** – ***D4*** - *Graben 19 - U 1, 3 Stephansplatz - ✆ 01 5323334 - www.meinlamgraben.at - épicerie : lun.-vend. 8h-19h30, sam. 9h-18h - rest. : tlj sf dim. et j. feriés 8h-0h, sam. 9h-0h - 33/60 €, menu 39 € (déj.)/79 €.* À l'étage de la prestigieuse épicerie, une salle cossue et un menu à la hauteur du lieu. Idéal pour une pause gastronomique.

## QUARTIER DE L'OPÉRA

***Plan de quartier p. 39***

### *Moins de 16 €*

(48) **Oberlaa** – ***D4*** - *Neuer Markt 16 - U 1, 3 Stephansplatz - ✆ 01 51329360 - www.oberlaa-wien.at - 8h-20h.* Chaque quartier a droit à son enseigne Oberlaa. Celui du Neuer Markt a un étage très agréable : on s'y presse à l'heure du déjeuner pour le menu du jour (Mittagsmenü, 12,90 €).

(99) **Bitzinger's Würstelstand bei der Albertina** – ***D5*** - *Albertinaplatz - U 1, 2, 4 Karlsplatz - ✆ 0681 84231474 - www.bitzinger-wien.at - 8h-4h - à partir de 2,30 €.* Bitzinger, un nom à retenir ! La famille possède deux stands de Würste (saucisses), l'un en contrebas du musée de l'Albertina, l'autre au Prater. Celui de l'Albertina a la préférence des Viennois qui y dévorent leurs délices carnés, grillés à point, avec une pinte de bière.

## HOFBURG

***Plan de quartier p. 46-47***

### *De 17 à 30 €*

(50) **Palmenhaus** – ***D5*** - *Burggarten 1 - U 2 MuseumsQuartier, U 1, 2, 4 Karlsplatz - ✆ 01 5331033 - www.palmenhaus.at - mars-nov. : 10h-0h, sam. 9h-0h, dim. 9h-23h ; déc.-fév. : se rens. - 22/36 €, formule déj. 10,40 €.* Les serres de la Hofburg abritent un restaurant noyé dans la verdure. La carte brasserie est éclectique et de bonne composition.

(31) **Do and Co Albertina – D5** - *Albertinaplatz 1 - ✆ 01 5329669 - www.doco.com - 9h-0h (petit-déj. 9h-11h30, déj. 12h-15h, dîner 18h-0h) - salades, sushis ou pâtes 17/19 €.* Juste à gauche de la billetterie de l'Albertina, Do and Co est depuis longtemps une valeur sûre même si le service est nonchalant et les prix se haussent un peu trop du col. Pâtisseries signées Demel et assortiments de sushis irréprochables. Terrasse relaxante.

## LE RING

***Plan détachable***

### *Moins de 16 €*

(83) **Der Wiener Deewan – D3** - *Liechtensteinstr. 10 - U 2 Schottentor - ✆ 01 9251185 - http://deewan.at - tlj sf dim. et j. fériés 11h-23h - fermé 2 sem. de fin déc. à déb. janv. - tarifs libres (5 € mini).* Les plats végétariens et carnés de cette enseigne pakistanaise haute en couleurs font le bonheur des étudiants de l'université voisine, d'autant que Deewan applique la formule originale du « Payez autant que vous le souhaitez » !

(49) **Salonplafond – E4** - *Stubenring 5 - U 3 Stubentor - ✆ 01 2260046 - http://salonplafond.wien - 10h-0h, w.-end 9h-0h - 15/40 €, menu 45/49 €.* Dans une salle historique relookée, le restaurant du musée des Arts appliqués (MAK) propose une cuisine autrichienne réinventée. Service attentionné, toilettes surprenantes et petit jardin.



### *De 16 à 30 €*

(30) **Meissl und Schadn – E5** - *Schubertring 10-12 - U 1, 2, 4 Karlsplatz ou 3, Stadtpark - ✆ 01 90212 - www.meisslundschadn.at - 12h-1h - formule déj. sem. 12,50 €.* Même pour la formule déjeuner, le restaurant de l'hôtel Grand Ferdinand met les petits plats dans les grands : théière en argent, assiettes à liséré doré... Sa spécialité ? L'escalope de veau panée à la poêle (au choix : au beurre fondu, saindoux ou huile végétale), servie avec des airelles et une salade de pommes de terre, comme au temps de Stefan Zweig et Sigmund Freud (24,90 €).

## WIEDEN, LANDSTRAßE

***Plan détachable***

### *Moins de 16 €*

(69) **Naschmarkt – D6** - *Linke Wienzeile/Kettenbrückengasse - U 1, 2, 4 Karlsplatz - tlj sf dim. 6h30-19h30 (sam. 18h).* Au sein du marché, diverses échoppes et restaurants pour vous restaurer du matin au soir (jusqu'à 23h ou minuit). Prix bas et saveurs variées.

(86) **On – C7** - *Wehrgasse 8 - U 4 Kettenbrückengasse - ✆ 01 5854900 - www.restaurant-on.at - 12h-0h (22h30 dim. et j. fériés) - formule déj. 12,60/15,30 €.* Un établissement couru qui chamboule les idées reçues en mariant cuisine chinoise expérimentale et vins du Burgenland. À essayer !

(85) **Das Moped – F5** - *Salmgasse 23 - U 3 Rochusgasse - ✆ 01 9661144 - www.dasmoped.at - 17h-2h (dim.*

*minuit) - plats 7/15 €.* Une petite adresse discrète et fraîche dans le quartier de Rochusgasse/Landstraße. Sur la carte, limitée et bien exécutée, on choisit aussi bien la pause café qu'un repas complet. Ambiance rétro pour la salle du fond.

### De 17 à 30 €

1 **Café Anzengruber** – **D6** - *Schleifmühlgasse 19 - U 1, 2, 4 Kettenbrückengasse - ☎ 01 5878297 - lun.-sam. 16h-2h (cuisine 23h) - plats 12/17 €.* Ce n'est plus un « café » mais un Beisl un peu désuet où l'on sert sans chichi un goulasch hongrois ou une robuste escalope viennoise (de porc en l'occurrence) accompagnée de pommes de terre persillées et d'une chope de Budweiser tchèque. Cuissons parfaites.

2 **Petz im Gußhaus** – **D6** - *Gußhausstr. 23 - U 1, 2, 4 Karlsplatz - ☎ 01 5044750 - www.gusshaus.at - mar.-sam. 17h30-0h (cuisine 22h) - 17/34 €.* Christian Petz, qui fut longtemps le chef du palais Coburg et du Badeschiff, a maintenant sa propre « cantine » où il régale les gourmets viennois de plats pleins d'arômes : caille aux champignons et roquette, filet de sandre au fenouil et fruit de la passion, tripes au riesling, etc. Une valeur sûre.

## BELVÉDÈRE

***Plan détachable***

### De 16 à 30 €

96 **Klein Steiermark im Schweizergarten** – **F8** - *Heeresmuseumstr. 1 - U 1 Hauptbahnhof - ☎ 01 7995883 - www.kleinsteiermark.wien - 11h-23h (cuisine 22h) - 13/26 €.* Installée dans le Schweizergarten (jardin Suisse), la « petite Styrie » est une auberge authentique qui sert des spécialités de la région de Graz (Styrie). Intérieur chaleureux, tout en boiseries, rideaux et carreaux de faïence. Biergarten dès les beaux jours.

## MQ

***Plan de quartier** **p. 46-47***

### Moins de 16 €

33 **Café Leopold** – **C5** - *Museumplatz 1 - U 2 MuseumsQuartier - ☎ 01 5222391 - http://cafeleopold.wien - 9h30-1h (minuit w.-end et j.feriés) - plats 7/16 €.* Ce lieu multifonction ouvre tôt, ferme tard, et contente un large public (au menu : pâtes, curry, sushis, etc.), dans un décor audacieux. Préférez les tables de la passerelle qui domine le MQ. Le week-end, en soirée, les DJ's prennent le relais.

29 **Corbaci** – **C5** - *Museumsplatz 1 - U 2 ou 3 Volkstheater - ☎ 0664 73630036 - www.corbaci.at - 11h-0h (23h dim.). Plats autour de 10 €.* Besoin de faire une pause au cœur du MQ ? Ce café, conçu par deux architectes français (Vassal et Lacaton), séduit par sa voûte en céramique turque, ses prix honnêtes et sa carte mi-viennoise mi-orientale : soupes de lentilles (5,90 €), börek, poulet-citron, goulasch (9,90 €)... Service aimable et portions généreuses.

## *De 16 à 30 €*

**88 Glacis Beisl** – ***C5*** - *Museumsquartier - accès possible par Breite Gasse 4 - U 2, 3 Volkstheater - ☎ 01 5265660 - www.glacisbeisl.at - 11h-2h (cuisine 12h-23h) - 12/25 €, menu déj. sem. 9,80 €.* Après avoir grimpé les escaliers du MUMOK, on débouche dans l'arrière-cour du MQ, un jardin secret relié à la rue. Dans ce cadre remarquable, le Glacis ne vole pas son appellation de Beisl : toute la déco d'un restaurant traditionnel – trophées de chasse inclus – est ici revue et corrigée à la mode du 21e s.

# NEUBAU, MARIAHILF

***Plan détachable***



## *Moins de 16 €*

**91 Wirr** – ***B5*** - *Burggasse 70 - U 2, 3 Volkstheater - ☎ 01 9294050 - http://wirr.at - 8h-2h (jeu.-sam. 4h, cuisine 23h) - plats 7/10 €.* Derrière une enseigne en bulles de bande dessinée se cache un bar-restaurant très apprécié des bobos du quartier. Plats de bonne facture, souvent bio, d'un intéressant rapport qualité/prix. Le bar et la salle de concert au sous-sol sont l'un des QG des noctambules.

**98 Ulrich** – ***C5*** - *Sankt Ulrichsplatz 1 - U 3 Neubaugasse - ☎ 01 9612782 - http://ulrichwien.at - lun. vend. 7h30-2h, w.-end 9h-2h - 14/25 €, formules déj. 9,80/10,80 €.* Le café-restaurant qu'on attendait sur l'exquise place Ulrich, face à l'église baroque. Pensée pour toutes les faims, l'astucieuse carte se médite sur la terrasse pavée en saison. Bonne formule déjeuner à prix mini.

**44 Kantine m101** – ***B6*** - *Mariahilfer Str. 101 - U 3 Zieglergasse - ☎ 01 5965173 - www.kantine.at - tlj sf dim. 9h-0h, sam. 10h-22h -plat du jour (déj.) 8,70/9,20 €.* Dans une cour à l'écart de l'animation, un lieu qui porte bien son nom pour une restauration sans prétention, 100 % viennoise. Terrasse en été.

**4 Le Troquet** – ***C5*** - *Kirchengasse 18 - U 3 Neubaugasse - ☎ 01 5220681 - www.letroquet.at - lun.-sam. et j. feriés 11h-2h30, dim. 17h-1h - plats 7/15 €.* Un petit creux dans Neubau ? Ce bistro français propose le midi un menu du jour (végétarien ou non) à 8,50/12,90 € et, à toute heure, quiche lorraine, salades et croque-monsieur. L'ambiance est décontractée, la déco vintage.

**5 Vapiano** – ***A6*** - *Europaplatz 1 - juste à côté de la Westbahnhof - ☎ 01 9621515 - http://at.vapiano.com - 11h-0h (23h30 dim.).* Un self-service pas très cher et pratique, où l'on combine soi-même pâtes et sauce, salade ou pizza, le tout à prix abordables. Les cuisiniers s'activent devant vous. Basilic, romarin et menthe à disposition. Autres adresses notamment dans le 1er arrdt. (Herrengasse 6-8) et le 2e arrdt. (Praterstraße 24-26).

**6 Grünauer** – ***B5*** - *Hermanngasse 32 - U 3 Neubaugasse - ☎ 01 5264080 - www.gasthaus-gruenauer.com - lun.-vend. 18h-0h (cuisine 22h30) - plats 5,50/19 €.* Derrière les fourneaux de cette auberge familiale, Brigitte et Martha mijotent de bons plats simples, viennois avec une petite touche de Burgenland : poulet au paprika, rôti de porc, roulés au boudin noir...

**Où bruncher à Vienne ?**
***Café Korb* – D4** - *Brandstätte 9 (p. 107) - lun.-sam. à partir de 8h, 9h le dim., brunch servi toute la journée.*
***Heuer* – D6** - *Karlsplatz/Treitlstr. (p. 110) - tlj à partir de 9h, petits-déjeuners servis jusqu'à 16h le w.-end, 12h en semaine.*
***Naschsalon* – C2** - *Liechtensteinstr. 38a (p. 112) - tlj de 7h30 à 11h, formules petits-déjeuners de 3,20 € à 9,60 €.*
***Wirr* – B5** - *Burggasse 70 (p. 102) - tlj 8h-16h, formules à partir de 8 €.*
*Voir aussi* ***Cafe der Provinz*** *et* ***Himmelblau*** *p. 103.*

Excellent service. Peu de tables, mieux vaut réserver (à partir de 15h).

## ALSERGRUND, JOSEFSTADT ET ALENTOURS

***Plan détachable***

### *Moins de 16 €*

87 **Cafe der Provinz** – **C4** - *Maria-Treu-Gasse 3 - U 2 Rathaus - 01 9442272 - www.cafederprovinz.at - 8h-23h.* Atmosphère décontractée et bucolique dans ce petit établissement qui attire une clientèle jeune (l'université est toute proche). Terrasse sur la rue, crêpes à la carte et brunch bio le w.-end et les jours feriés (9h-15h - formule à 14,10 €).

89 **Café Himmelblau** – **B1** - *Kutschkergasse 36 - U 6 Währingerstraße-Volksoper - 0660 7741410 - www.himmelblau18.at - lun.-vend. 8h-21h, w.-end 8h-18h.* Un café douillet qui vous transporte sur un petit nuage (tel est son nom), avec ses tables dans la rue piétonne investie par un marché bio. Succulents petits-déjeuners bio, cafés, pâtisseries et collations légères. Petits déjeuners et formule, bio ou non, autour de 10 €.

52 **Porzellan Lounge** – **D2** - *Servitengasse 2 - U 4 Roßauer Lände - 01 3156363 - www.porzellan-lounge.at - 10h-0h, w.-end 9h-0h - 17/26 €, formule déj. 6,90/8,90 €.* Intérieur moderne, terrasse en été et belle carte de salades, pâtes maison, risotto, petits plats assez innovants et joliment présentés. Une adresse à l'image du quartier, chic et décontractée.

### *De 17 à 30 €*

7 **Schnattl** – **C4** - *Lange Gasse 40 - U 2 Rathaus - 01 4053400 - www.schnattl.com - lun.-jeu. 11h30-17h, vend. 11h30-0h - plats 17/32 €.* Wilhelm Schnattl est passé maître dans l'art de flatter les papilles avec des recettes de grand-mère – ris de veau, joues de bœuf, etc. – et quelques plats végétariens tout aussi convaincants. La cerise sur le gâteau ? Son jardin intérieur, très agréable aux beaux jours.

58 **Stomach** – **D2** - *Seegasse 26 - U 4 Roßauer Lände - 01 3102099 - merc.-sam. 16h-0h, dim. 10h-22h - 20/30 €.* Excellents filets de bœuf et plats végétariens : l'établissement fait l'unanimité. La cour est ravissante en saison.

## LEOPOLDSTADT, PRATER

***Plan détachable***

### *Moins de 16 €*

93 **Café Ansari** – ***E3*** - *Praterstr. 15 - U 1 Nestroyplatz - 01 2765102 - www.cafeansari.at - lun.-sam. 8h-23h30, dim. 9h-15h - 20/35 €, formule déj. 9,80/10,80 €.* Excellente adresse d'inspiration géorgienne et orientale, où la cardamome, la patate douce et l'aubergine se marient à la perfection. Beau volume, chaleureusement agencé et jolie terrasse en été.

92 **Café Restaurant Augarten** – ***E1*** - *Obere Augartenstr. 1 - dans le château d'Augarten, à côté du musée de la Porcelaine) - Tram 31 Obere Augartenstraße, U 2 Taborstraße - 01 21124400 - www.augarten.at/restaurant - 9h-22h (18h nov.-mars) - 15/27 €, formule déj. sem. 8,90/10,90 €.* Ce café-restaurant à l'intérieur design et aux larges parasols incite à profiter des belles journées dans le parc d'Augarten avec une visite au musée de la Porcelaine.



94 **Mochi** – ***E3*** - *Praterstr. 15 - U 1 Nestroyplatz - 01 9251380 - www.mochi.at - tlj sf. dim. 11h30-22h - formule déj. 11,50/13,50 €.* À côté du café Ansari. De l'avis des gourmets viennois, c'est le meilleur restaurant de sushis de la ville, dans un mouchoir de poche, avec terrasse donnant sur la rue. Si vous n'avez pas réservé, vous vous rabattrez sur le menu de midi, à condition d'arriver tôt !

97 **Würstelstand Bitzinger beim Riesenrad** – ***G3*** - *Gabor-Steiner-Weg - juste avant l'entrée du parc d'attraction du Prater (Riesenrad) - U 1, 2 Praterstern - 01 7291744 - www.bitzinger-wien.at - 10h-1h (jeu.-sam. 4h) - fermé l'hiver par mauvais temps - à partir de 3,20 €.* Petit frère du stand de saucisses de l'Albertinaplatz (p. 98), le Bitzinger est un excellent point de ravitaillement avant de sillonner les airs du Prater !

### *De 17 à 30 €*

8 **Skopik & Lohn** – ***E2*** - *Leopoldsgasse 17 - U 2 Taborstraße - 01 2198977 - www.skopikundlohn.at - mar.-sam. 18h-1h - 20/33 € ; suppl. couvert 2,50 €.* Cette brasserie branchée mais sans excès séduit par sa généreuse cuisine viennoise revisitée sur un mode contemporain : velouté d'épinards, agneau à la purée de haricots et puntarelle. Service efficace et très aimable. Réservation indispensable.

63 **Tempel** – ***F3*** - *Praterstr. 56 - U 1 Nestroyplatz - 01 2140179 - www.restaurant-tempel.at - mar.-vend. 12h-15h et 18h-0h, sam. 18h-0h - fermé dim.-lun. - 20/32 €, menus 30/52 €, formule déj. 14,50/18 €.* Situé au fond d'une cour, ce charmant restaurant propose une cuisine régionale au goût du jour.

## EN PÉRIPHÉRIE (DÖBLING)

### *Moins de 16 €*

**Mayer am Pfarrplatz** – ***Hors plan*** - *Pfarrplatz 2 - BUS, U 4 Heiligenstadt, puis38a Fernsprechamt Pfarrplatz - 01 3701287 - www.pfarrplatz.at - 16h-0h, w.-end 12h-0h - musique à partir de 19h - plats principaux à partir*

Imagno/Hulton Archive/Getty Images

*Un « Heuriger », taverne vigneronne traditionnelle des faubourgs de Vienne.*



*de 11 €.* Dans ce Heuriger des plus pittoresques, copieux buffet et excellents vins des vignobles viennois.

**BuschenschankFuhrgassl-Huber** – ***Hors plan*** - *Neustift am Walde 68 - ✆ 01 4401405 - www.buschenschank-fuhrgassl-huber.at - 14h-0h, dim. 12h-0h - repas env. 15 €.* Installé dans une auberge pluricentenaire, ce très agréable Heuriger sert essentiellement des rôtis et des fritures. L'été, les tables sont installées en terrasse au pied d'une colline recouverte de vignobles et l'ambiance est toujours à son comble (musique le soir). La même maison possède d'autres adresses, dont le restaurant Pfiff, à l'entrée du village (Rathstr. 4).

**Heuriger Wolff** – ***Hors plan*** - *Rar. 46-50 - ✆ 01 4402335 - www.wienerheuriger.at - 11h-0h - plat 10/20 €.* Ce Heuriger typique comprend plusieurs pièces et bénéficie d'agréables terrasses noyées dans la verdure. Les concerts de musique traditionnelle insufflent une joyeuse ambiance. Bonne cuisine viennoise rustique, gâteaux maison et vins locaux.

**Das Schreiberhaus** – ***Hors plan*** - *Rar. 54 - ✆ 01 4403844 - www.dasschreiberhaus.at - 12h-0h (cuisine 12h-22h) - buffet midi 9,80 € - repas à partir de 12 €.* Un Heuriger logé dans une belle bâtisse de 1746, où le bon vivant viennois règne en maître. Cour intérieure, musique et personnel en habits traditionnels.

# Prendre un verre

En milieu d'après-midi, nombreux sont les Viennois qui s'arrêtent dans une **Konditorei** pour une pause *Kaffee & Kuchen* (« café et gâteau »). Les **cafés des musées** attirent une clientèle éclectique. La bière coule à flots dans les **brasseries** *(Bräu)*. Et, l'été, le long du Donaukanal, les terrasses font le plein. Mais ce sont bien les confortables et élégants **Kaffeehäuser** qui jouent un rôle majeur dans la vie sociale viennoise (*p. 160*). On peut y déjeuner à moindres frais et y déguster de délicieuses pâtisseries. Il faut repérer le gâteau de votre choix au comptoir avant de passer commande à table en même temps que la boisson. Enfin, les Viennois sont friands de **glaces** italiennes qu'ils consomment en cornets à multiples étages (*p. 109*).

*Repérez les adresses sur nos plans grâce aux pastilles numérotées (ex. 1). Les coordonnées en rouge (ex. **C2**) font référence au plan détachable (à l'intérieur de la couverture).*



## STEPHANSPLATZ

***Plan de quartier p. 19***

**1 Haas and Haas** – **E4** - *Stephansplatz 4 - U 1, 3 Stephansplatz - 01 5122666 - www.haas-haas.at - tlj sf dim. 9h-18h30 (18h sam.).* Dans une cour agrémentée d'une treille, cette boutique dispose de quelques tables où la crème de la crème viennoise se donne rendez-vous.

**2 Hawelka** – **D4** - *Dorotheergasse 6 - U 1, 3 Stephansplatz - 01 5128230 - www.hawelka.at - 8h-0h (1h vend.-sam.), dim. 10h-0h.* Cette institution « bohème » accueillait, dans les années 1950, les intellectuels et les artistes de l'avant-garde viennoise. Depuis le décès de ses pères spirituels, Joséphine et Leopold, l'adresse a perdu un peu de son âme. Parmi les spécialités, les Buchteln (brioches à la confiture de prunes).

**3 Roberto American Bar** – **D4** - *Bauernmarkt 11-13 - U 1, 3 Stephansplatz - 0676 9429001 - www.robertosbar.com - 14h-4h.* Roberto Pavlovic, qui a longtemps secoué les shakers du bar Loos, a ouvert son propre bar à cocktails. Intérieur intime et cossu.

**6 Kleines Café** – **E4** - *Franziskanerplatz 3 - U 1, 3 Stephansplatz - 10h-2h.* Le « petit café » est un endroit intime qui, en été, s'étend sur la plus charmante place de la ville, devant la fontaine et l'église des Franciscains.

## FLEISCHMARKT

***Plan de quartier p. 23***

**4 Alt Wien** – **E4** - *Bäckerstr. 9 - U 1, 3 Stephansplatz - 01 5125222 - www.kaffeealtwien.at - 10h-2h (3h sam.).* À midi, le Alt Wien sert un menu, mais on sent bien, au fil des heures, que sa vocation première a surtout à voir avec la bière. De 20h à

23h, il est parfois difficile de trouver où s'asseoir. Clentèle très éclectique.

38 **Bloom** - ***E4*** - *Rotenturmstr. 15 - U 1, 3 Stephansplatz - 01 5322244 - www.cafebarbloom.at - 9h-0h.* À l'intérieur de l'hôtel Lamée, un café moderne et élégant, à tester surtout par beau temps : la vue de la terrasse (« rooftop », 9e étage) n'est pas banale.

5 **Diglas** - ***E4*** - *Wollzeile 10 - U 1, 3 Stephansplatz - 01 51257650 - http://wollzeile.diglas.at - 8h-22h30, w.-end 9h-22h30.* Derrière sa façade d'angle rose pâle, ce grand café révèle un intérieur lumineux, élégant et sans ostentation. Difficile de résister aux gâteaux alléchants qui s'alignent sur le comptoir!

## FREYUNG ET HOHER MARKT

***Plan de quartier p. 28-29***

39 **Caffè Couture** - ***D4*** - *Freyung 2 - U 3 Herrengasse - 0676 3322076 - www.caffecouture.com - lun.-vend. 8h-17h, sam. 10h-15h.* Ici, Georg Branny, barman de talent, élabore de vrais cafés garantis « commerce équitable ».

9 **Café Central** - ***D4*** - *Herrengasse 14 - U 3 Herrengasse - 01 533376424 - www.cafecentral.wien - lun.-sam. 7h30-22h, dim. et j. fériés 10h-22h.* Un des plus célèbres cafés littéraires de Vienne au 19e s., installé sous les voûtes du palais néo-Renaissance Ferstel. Les artistes s'y font désormais (très) rares mais le Central Kaffee à la liqueur d'abricot y demeure un must. À l'entrée, un cordon retient la foule. À moins d'arriver tôt ou vraiment tard, difficile d'éviter la queue, plus ou moins longue.

10 **Café Korb** - ***D4*** - *Braätte 7-9 - U 1, 3 Stephansplatz - 01 5337215 - www.cafekorb.at - lun.-sam. 8h-0h, dim. et j. fériés 10h-0h.* La palme de l'authenticité des cafés de la vieille ville revient sans aucun doute au Café Korb! Terrasse à la belle saison.

11 **Demel** - ***D4*** - *Kohlmarkt 14 - U 3 Herrengasse - 01 53517170 - www.demel.com - 8h-19h.* À deux pas de la Hofburg, cette institution fut l'un des fournisseurs officiels de la cour impériale. Ne passez pas à côté des pâtisseries, la Fächertorte est un pur délice! Préférez les petits salons-fumoirs, au fond à gauche, ou le salon à l'étage, très agréable.

## QUARTIER DE L'OPÉRA

***Plan de quartier p. 39***

40 **Gerstner** - ***D5*** - *Kärntner Str. 51 - U 1, 2, 4 Karlsplatz - 01 5261361 - http://gerstner-konditorei.at - 10h-23h.* Entrez dans la boutique, repérez le gâteau qui vous tente et montez au 1er étage ; s'il reste de la place, vous pourrez y siroter un thé glacé à la pêche ou un verre de prosecco, face à l'Opéra.

7 **Bräunerhof** - ***D4*** - *Stallburggasse 2 - U 1, 3 Stephansplatz - 01 5123893 - 8h-19h, dim. 10h-19h.* Une décoration minimale, des serveurs taiseux, peu de touristes... Tranquillité à peine perturbée par un peu de musique classique le weekend et les jours feriés (15h-18h). C'était le QG de l'écrivain Thomas Bernhard.

8 **Sacher** - ***D5*** - *Philharmonikerstr. 4 - U 1, 2, 4*

Eddie Hernandez Photography/iStock



*Restaurant Badeschiff, « bateau-piscine » amarré sur le canal du Danube, juste en face de Landstraße.*

*Karlsplatz - ✆ 01 514560 - www.sacher.com - 8h-0h.* À la fois hôtel, café, restaurant et boutique, cette institution attire les touristes et, parfois, des hôtes illustres. On y déguste la légendaire Sachertorte. Les Sachertorten sont aussi vendues dans de jolies boîtes en bois et se conservent très bien.

(44) **Sluka** – ***D4*** - *Kärntner Str. 13-15 - U 1, 3 Stephansplatz - www.sluka.at - lun.-sam. 8h30-20h, dim. 10h-18h.* Dans son nouveau café (2017), cet excellent pâtissier propose, outre ses irrésistibles créations, des jus de fruit bio, du vin chaud en hiver, du thé en toute saison et, bien sûr, la gamme complète des expresso (3,10/8,20 €). À siroter dans l'Octogone!

## LE RING

***Plan détachable***

(15) **Badeschiff** – ***E4*** - *Donaukanal (entre Uriana et pont Schwedenbrücke) - sur le quai du canal du Danube - U 1, 4 Schwedenplatz - ✆ 0660 3124703 - www.badeschiff.at - lun.-vend. 16h-1h, sam. 11h30-1h, dim. et j. feriés 10h-23h (cuisine 12h ou 17h à 22h, sf dim. jusqu'à 18h).* Ce café est installé dans la cale redesignée d'un Badeschiff, « bateau-piscine » qui retrouve sa fonction initiale l'été.

(16) **Café Imperial** – ***E5*** - *Kärntner - Ring 16 - U 1, 2, 4 Karlsplatz - ✆ 01 50110389 - www.cafeimperial.at - 7h-23h.* Freud et Anton Bruckner

fréquentaient ce café inauguré en 1873 à côté du luxueux hôtel Imperial. Ambiance désuète et intimiste.

17 **Café Landtmann** – ***C4*** - *Universitätsring 4 - U 2 Rathaus - ✆ 01 24100120 - www.landtmann.at - 7h30-0h - menu déj. 12,50 € - piano lun., mar. et dim. 20h-23h (lun. et mar. en été).* Passage obligé à Vienne, bien que touristique, le café Landtmann est fréquenté par l'intelligentsia viennoise. Terrasse aux beaux jours.

18 **Café Museum** – ***D5*** - *Operngasse 7 - U 1, 2, 4 Karlsplatz - ✆ 01 2400610 - www.cafemuseum.at - 8h-0h.* Donnant sur le carrefour de Karlsplatz, ce calme îlot créé en 1899 a été rénové dans le style original dessiné par Adolf Loos. Le service, discret et efficace, contribue à recréer l'atmosphère 1900. Vous pourrez consulter la presse internationale calé dans de profonds fauteuils rouges.

19 **Café Prückel** – ***E4*** - *Stubenring 24 - U 3 Stubentor - ✆ 01 512611512 - www.prueckel.at - 8h30-22h - fermé 24-26 déc.* On vient y lire la presse en dégustant un café, après une visite au MAK. Une référence.

21 **Motto am Fluss** – ***E3*** - *Franz-Josefs-Kai 2 - à l'étage de l'embarcadère pour Bratislava - U 1, 2, 4 Schwedenplatz - ✆ 01 2525511 - www.mottoamfluss.at - café : 8h-0h - rest. : 11h30-14h30, 18h-2h (cuisine 23h30).* Offrant une vue panoramique sur le canal, la terrasse de ce café-restaurant permet de profiter de l'animation des quais.

## WIEDEN, LANDSTRAẞE

***Plan détachable***

23 **Kaffeefabrik** – ***D6*** - *Favoritenstr. 4-6 - U 1, 2, 4 Karlsplatz - ✆ 0660 1789092 - www.kaffeefabrik.at - tlj sf dim. 9h-18h, sam. 11h-17h.* Cinq tables à l'intérieur, quelques guéridons en terrasse. Ce torréfacteur incarne la nouvelle culture du café

### *Où trouver les meilleures glaces ?*

*12 **Eis Greissler** – **E4** - Rotenturmstr. 14 - U 1, 3 Stephansplatz - www.eis-greissler.at - 11h-22h. Le glacier qui fait sensation à Vienne ; tout est fait maison, bio, et végétalien selon les parfums, un régal ! Le tout pour 1,50 € la boule. Autre adresse : Mariahilferstr. 33 - Neubaugasse - 10h-23h (jeu.-sam. 23h30).*

*13 **Eissalon Tuchlauben** – **D4** - Tuchlauben 15 - ✆ 01 5332553 - http://eissalon-tuchlauben.at - avr.-sept. : lun.-sam. 10h-23h30, dim. 11h-23h30 ; mars et oct. : lun.-sam. 10h-20h, dim. 11h-20h. Le repaire des amateurs de glaces italiennes du côté du Hoher Markt.*

***Tichy** – Reumannplatz 13 - U 1 Reumannplatz - www.gastroweb.at/tichy-eis - 10h-23h. Ce glacier situé face à la piscine d'Amalienbad s'est taillé une belle réputation. Parmi ses spécialités, les « Eis-Marillen-Knödel », des abricots enrobés de crème glacée. À déguster dans la salle années 1950, ou à emporter.*

viennois : artisanal, bio, torréfié sur place et, le plus souvent, équitable.

24 **Heuer** – ***D5*** - *Karlsplatz/Treitlstr. 2 - U 1, 2, 4 Karlsplatz - ✆ 01 8900590 - www.heuer-amkarlsplatz.com - 11h-2h, w.-end et j. feriés 10h-2h - formule déj. en sem. 10,90/11,90 €.* Le café de la Kunsthalle est devenu le QG d'une jeunesse « arty » et aisée. Terrasse, parasols et DJ le soir. Recommandé à la belle saison pour prendre le soleil et le pouls de la ville. L'intérieur peut être bruyant.

20 **Joseph** – ***F5*** - *Lar. Hauptstr. 4 - S Laraße/Wien Mitte, U 3, 4 - ✆ 01 7102881 - www.joseph.co.at - 7h30-21h, w.-end 8h-18h.* Une délicieuse odeur de pain se répand autour de cette boulangerie-pâtisserie bio. Également café et plats à toute heure.



## BELVÉDÈRE

***Plan détachable***

27 **Café Goldegg** – ***E7*** - *Argentinierstr. 49 - U 1 Hauptbahnhof - ✆ 01 5059162 - www.cafegoldegg.at - 8h-20h, sam. 9h-20h, dim. 9h-19h.* On vient regarder vivre le quartier et déguster une Trumer pression, un café ou un en-cas dans ce charmant café d'angle, tout de bois et de marbre.

## MQ

***Plan détachable***

28 **Amerling Beisl** – ***C5*** - *Stiftgasse 8 - U 2, 3 Volkstheater - ✆ 01 5261660 - www.amerlingbeisl.at - 11h30-2h, w.-end et j. feriés 10h-2h - plat principal à partir de 9,90 €.* Logé dans la maison du peintre Friedrich von Amerling (1803-1887), cet adorable bistro sert des plats simples à petits prix et héberge un centre culturel alternatif.

41 **Café Sperl** – ***C6*** - *Gumpendorfer Straße 11 - U 2 MuseumsQuartier (de la station de métro, accès direct par la Rahlgasse) - ✆ 01 5864158 - www.cafesperl.at - 7h-22h, dim. 10h-20h (fermé dim. en juil.-août).* Vénérable café, fréquenté dans les années 1890 par la crème de la Sécession viennoise. De nos jours, le service est revêche et le cuisinier peu inspiré, mais le cadre a un charme fou, avec ses billards et ses joueurs de cartes.

31 **Espresso** – ***B5*** - *Burggasse 57 - U 2, 3 Volkstheater - ✆ 01 52210570 - www.espresso-wien.at - lun.-vend. 7h30-1h (jeu. 2h, vend. 3h), sam. 10h-3h, dim. 10h-1h.* Synthèse réussie entre design des années 1950 et esprit récup', ce café et sa terrasse sont situés dans la rue la plus en vue du 7e arrdt. Festif en soirée.

32 **Phil** – ***C5*** - *Gumpendorfer Str. 10 - U 2 Museumsquartier - ✆ 01 5810489 - http://phil.info - lun. 17h-1h, mar.-dim. 9h-1h.* Ce café-librairie laisse les livres en accès libre et orchestre des soirées culturelles.

## NEUBAU, MARIAHILF

***Plan détachable***

29 **Café Jelinek** – ***B6*** - *Otto Bauer-Gasse 5 - U 3 Zieglergasse - ✆ 01 5974113 - http://cafejelinek.*

L. Maisant/hemis.fr

*Phil, café-librairie du MuseumsQuartier (MQ).*



*steman.at* - ⊠ - *9h-22h.* Un café très attachant, parfaitement suranné. Large choix de journaux et prospectus culturels.

(30) **Café Ritter** - **C6** - *Mariahilfer Str. 73* - U *3 Neubaugasse* - ✆ *01 5878238* - *www.caferitter.at* - *7h30-22h, dim. 9h-21h.* Ce café traditionnel « remastérisé » a su conserver sa patine de la fin du 19e s., jusqu'aux moulures et aux rideaux défraîchis. Le rayon pâtisseries est moins inspiré, mais cela reste une pause agréable entre deux virées sur Mariahilfer Straße.

(33) **Zum Gschupftn Ferdl** - **C6** - *Windmühlgasse 20* - U *3 Neubaugasse* - ✆ *01 9663066* - *www.zumgschupftenferdl.com* - *tlj sf dim. 18h-0h.* Un Heuriger bio en plein centre-ville. Dans un décor qui joue la touche « space invader », de grandes tables rassemblent la jeunesse viennoise. Un bon point pour la terrasse dans le passage vers Mariahilfer Straße.

(34) **Der Dachboden** - **C4** - *Lerchenfelderstr. 1-3* - U *2,3 Volkstheater* - ✆ *01 521510* - *www.25hours-hotels.com* - *15h-1h.* Le bar de l'hôtel 25 Hours, juché au 8e étage et flanqué d'une terrasse en bois, réserve une vue panoramique sur le centre historique, pendant qu'un DJ diffuse une ambiance sereine.

## ALSERGRUND, JOSEFSTADT

***Plan détachable***

35 **Caffè a Casa** – **D2** - *Servitengasse 4A - U 4 Rossauer Lände - 01 3190266 - http://caffeacasa.com - 7h30-18h30, w.-end 8h30-18h30.* Un lieu au design épuré où le café est roi : torréfié sur place, et, au choix, accompagné de quelques douceurs.

36 **Naschsalon** – **C2** - *Liechtensteinstr. 38a - U 4 Rossauer Lände - 0664 4534193 - www.naschsalon.at - 7h30-19h, w.-end 9h-17h.* Un minuscule café-pâtisserie au décor à croquer. Gâteaux maison, glaces Greissler.

## LÉOPOLDSTADT, DONAUSTADT



***Plan détachable***

42 **Balthasar** – **F3** - *Praterstr. 38 - U 1 Nestroyplatz - 0664 3816855 - http://balthasar.at - tlj sf dim. 7h30-19h, sam. 9h-17h.* Derrière son long comptoir orné de carreaux, Otto Bayer concocte d'excellents cafés. Son « no 11 », mélange de grains du Brésil, d'Éthopie et du Nicaragua, vaut le détour.

37 **Das Loft** – **E3** - *Praterstr. 1 - U 1, 4 Schwedenplatz - 01 906168110 - www.dasloftwien.at - 10h-2h.* Au sommet du Sofitel signé Jean Nouvel, un cocon luxueux aménagé sous de fascinants plafonds. Champagnes et cocktails à savourer en contemplant la ville.

**Copa Cagrana** – ***Hors plan*** - *Donau-City - accès par la passerelle de la Donauinsel, « Ponte Cagrana » - U 1 Donauinsel - 0699 14414040 - www.copacagrana.com.* Juste en face de l'île artificielle qui « calme » le nouveau Danube, diverses terrasses ont été aménagées façon « plage ». Bien agréables en été, elles accueillent les Viennois à l'heure du goûter, de l'apéritif et un peu plus tard encore. Les publics adolescents y sont majoritaires en soirée.

## SCHÖNBRUNN

**Café Gloriette** – ***Hors plan*** - *Parc de Schönbrunn - U 4 Schönbrunn - 01 8791311 - www.gloriette-cafe.at - de 9h à la fermeture du parc.* Au sommet de la colline qui domine le château, cette élégante galerie accueille un café soigné. Somptueux buffet les week-ends et jours fériés (9h-11h30 - 34 €, 13-17 ans 22 € - réserv. obligatoire).

# Shopping

Les Viennois faisant leurs courses dans leur quartier, le centre-ville est réservé aux boutiques de luxe. On les trouvera entre la cathédrale et la Hofburg. Pour un shopping et une animation plus populaires, remontez **Mariahilfer Straße** où se concentrent les enseignes internationales.
Il vous sera difficile de faire de bonnes affaires en dehors des périodes de **soldes** (janvier, juillet) ou des promotions *(Sonderangebote)*. Parmi les souvenirs à rapporter, citons les bonbons, chocolats et gâteaux des grands cafés-pâtissiers, les vêtements en *loden*, la porcelaine d'Augarten, les objets ou affiches aux motifs Jugendstil et Art déco, les reproductions de bijoux, verreries et céramiques, ou encore, une chaise originale Thonet. Les mélomanes se régaleront dans des boutiques idoines. Les amateurs d'art qui ne veulent pas se ruiner dans les galeries trouveront affiches ou produits dérivés dans les **boutiques des musées** (Albertina, MQ, Belvédère, MAK, etc.). Votre shopping peut se poursuivre dans les enseignes de créateurs, les galeries d'art et chez les antiquaires autour du Dorotheum ainsi que dans les **marchés**.

*Repérez les adresses sur nos plans grâce aux pastilles numérotées (ex. 1). Les coordonnées en rouge (ex. C2) font référence au plan détachable (à l'intérieur de la couverture).*

*www.quader.at.*

## STEPHANSPLATZ ET FLEISCHMARKT

***Plans de quartier** p. 19 et 23*

### Gastronomie

Les cafés **Demel** et **Sacher** ont leur propre boutique de confiseries. Voir *« Prendre un verre » p. 107 et 108.*

1 **Berger** – *E4 - Wollzeile 22 - U 3 Stubentor - 01 5137062 - www.confiserie-berger.at - tlj sf dim. 10h-18h (sam. 17h).* Ce confiseur comblera les amateurs de chocolat. Tablettes (thym, piment, sapin...) et pralines sont présentées dans des emballages colorés et créatifs. Idées cadeaux !

39 **Porta Dextra** – *E4 - Ertlgasse 4 - U 1, 3 Stephansplatz - 01 5333534 - www.haas-haas.at - lun.-vend. 10h-18h30, sam. 9h-18h.* L'épicerie fine du salon de thé Haas and Haas est une ode au terroir autrichien : confiture d'abricot de la Wachau, huile de pavot gris du Waldviertel, safran de Pannonie...

2 **Manner** – *E4 - Stephansplatz 7 - U 1, 3 Stephansplatz - 01 5137018 - http://josef.manner.com - 10h-21h.* Difficile d'échapper à l'emballage rose des célèbres gaufrettes Neapolitaner. D'autres douceurs sont également à découvrir.

### Cadeaux

4 **Alt-Österreich** – *E4 - Himmelpfortgasse 7 - U 1, 3 Stephansplatz - 01 5121296 - mar.-vend. 15h-18h, sam. 10h-13h.* La

« vieille Autriche » propose affiches, médailles ou photographies à l'effigie de Sissi et autres objets des temps anciens.

### Design, déco, antiquités

**5 Augarten Wien** – ***D4*** - *Spiegelgasse 3 - U 1, 3 Stephansplatz - ✆ 01 5121494 - www.augarten.com - tlj sf dim. 10h-18h.* Point de vente de la manufacture de porcelaine. Superbes créations contemporaines

**6 Woka** – ***E4*** - *Singerstr. 16 - U 1, 3 Stephansplatz - ✆ 01 5132912 - www.woka.com - tlj sf dim. 10h-18h (sam. 17h).* Wolfgang Karolinsky propose des reproductions artisanales des pièces de Loos, Moser et Hoffman, maîtres du design du début du 20e s., ainsi que des productions contemporaines.



### Mode, bijoux, accessoires

**40 Mühlbauer** – ***D4*** - *Seilergasse 10 - U 1, 3 Stephansplatz - ✆ 01 5122241 - www.muehlbauer.at - tlj sf dim. 10h-18h30 (sam. 18h).* Héritier d'une famille de chapeliers depuis quatre générations (1903), Klaus Mühlbauer réalise artisanalement de superbes couvre-chefs en tout genre. Annexe à Neubau (Neubaugasse 34).

**8 Susanne Kitz** – ***D4*** - *Weihburggasse 7 - U 1, 3 Stephansplatz - ✆ 01 5128648 - www.susannekitz.com - tlj sf dim. 10h-18h30 (sam. 18h).* Des sacs et des sacs, alignés à n'en plus finir... Le cuir et les détails originaux sont à l'honneur.

## FREYUNG ET HOHER MARKT

***Plan de quartier p. 28-29***

### Gastronomie

**3 Unger & Klein** – ***D3*** - *Gölsdorfgasse 2 - U 1, 4 Schwedenplatz - ✆ 01 5321323 - www.ungerundklein.at - tlj sf dim. 17h-22h (sam. 0h).* Murs de bouteilles et tableaux noirs décorent ce paradis des amateurs de vins et d'eau-de-vie.

**12 Julius Meinl am Graben** – ***D4*** - *Graben 19 - U 1, 3 Stephansplatz - ✆ 01 5323334 - www.meinlamgraben.at - tlj sf dim. 8h30-19h30, sam. 9h-18h.* Paris a Fauchon, Vienne a Julius Meinl. Les rayons débordent de mets fins du monde entier et de spécialités locales : jambons, saucisses, fromages, vins, chocolats...

**13 Xocolat** – ***D4*** - *Freyung 2 - U 3 Herrengasse - ✆ 01 5354363 - www.xocolat.at - 10h-18h30, sam. 10h-18h, dim. (sf juil.-août) 12h-17h.* On y vend les chocolats produits sur place (pralines, tablettes), mais aussi ceux d'autres bons artisans locaux. Autre adresse à Servitengasse 5 (lun.-vend. 10h-18h, sam. 10h-13h).

### Mode, bijoux

**15 Loden Plankl** – ***D4*** - *Michaelerplatz 6 - U 3 Herrengasse - ✆ 01 5338032 - www.loden-plankl.at - tlj sf dim. 10h-18h (sam. 17h en janv.-fév. et juil.-août).* Vêtements autrichiens typiques, dont le fameux loden bleu, gris ou vert.

**16 Le Parfum** – ***D4*** - *Petersplatz 3 - U 1, 3 Stephansplatz - ✆ 01 5353939 - www.leparfum.at - tlj sf dim. 10h-19h (sam. 18h).* Cette petite boutique violette et or propose toutes les fragrances introuvables ailleurs.

17 **Schullin** - **D4** - *Kohlmarkt 7 - U 3 Herrengasse - 01 5339007 - www.schullin.com - tlj sf dim. 10h-18h.* Les fabuleux bijoux contemporains et la boutique qui les met en valeur, œuvre de Hans Hollein, méritent une halte entre l'église St-Pierre et la Hofburg.

41 **Lena Hoschek** - **D4** - *Goldschmiedgasse 7A - 1010 Wien - (Trattnerhof) - U 1, 3 Stephansplatz - 050 309 200 - www.lenahoschek.com - tlj sf dim. 10h-19h (sam. 18h).* Lena, qui fut longtemps l'assistante de Vivienne Westwood, réunit ici ses créations : des robes qui fleurent bon les années 1950 et d'autres qui réinterprètent avec talent le Dirndl (vêtement traditionnel des Alpes).

### Musique

18 **Gramola** - **D4** - *Graben 16 - U 3 Herrengasse - 01 5335034 - www.gramola.at - tlj sf dim. 9h30-18h30 (jeu.-vend. 19h, sam. 18h).* Le temple de la musique classique, une enseigne mondialement connue pour dénicher petits labels et enregistrements rares. N'hésitez pas à consulter le personnel passionné.

42 **Musikhaus Doblinger** - **D4** - *Dorotheergasse 10 - U 1,3 Stephansplatz - 01 515030 - tlj sf dim. 10h-18h (sam. 10h-13h).* Voici l'un des meilleurs magasins de partitions en Europe. Du grégorien au jazz en passant par le hautbois et le synthé, Doblinger propose plus de 200 000 références, mais aussi des vieux vinyls, des CD, des livres, etc.

## QUARTIER DE L'OPÉRA ET HOFBURG

***Plan de quartier p. 39***

### Mode

43 **Schella Kann** - **D4** - *Spiegelgasse 15 - U 1, 3 Stephansplatz - 01 9972755 - www.schellakann.com - tlj sf dim. 11h-18h (sam. 17h).* Des coupes simples, de belles matières, un style élégant mais décontracté : pas de doute, le label Schella Kann, créé en 1986 par Anita Aigner et Gudrun Windischbauer, reste une valeur sûre.

47 **Sisi Fashion** - **E5** - *Annagasse 11 - U 1, 3 Stephansplatz - 01 5130518 - http://sisi-vienna.at - tlj sf dim. 10h-19h (sam. 18h).* À côté de la Maison de la Musique, une charmante boutique qui distille le souvenir de l'impératrice sans verser dans le kitsch. Carina Portschy y réunit ses coups de cœur : corsages fleuris et robes pimpantes signées Bisovsky, Mothwurf ou Geiger.

### Design, déco, antiquités

9 **Dorotheum** - **D4** - *Dorotheergasse 17 - U 1, 3 Stephansplatz - 01 515600 - www.dorotheum.com - lun.-vend. 10h-18h, sam. 9h-17h.* Voici la plus grande salle des ventes d'Europe centrale, où l'on admire tableaux, vases, meubles, avant d'acheter, éventuellement. Les ventes aux enchères fonctionnent séparément de la boutique. Le long des rues alentour, antiquaires et galeries s'alignent sans laisser de place à d'autres commerces.

Voir p. 41 et Galeries d'art dans « Agenda culturel » p. 143.

(10) **J. and L. Lobmeyr** – **D5** - *Kärntner Straße 26 - U 1, 3 Stephansplatz - 01 5120508 - www.lobmeyr.at - tlj sf dim. 10h-19h (sam. 18h).* Ancien fournisseur de la Cour, ce spécialiste en verrerie est célèbre pour son « verre mousseline », extrêmement fin et très fragile.

(11) **Swarovski** – **D5** - *Kärntner Straße 24 - U 1, 3 Stephansplatz - 01 3240000 - www.swarovski.com - tlj sf dim. 9h-21h (sam. 18h).* Symbole du luxe en cristal, l'enseigne tyrolienne créée en 1895 n'en finit plus de fasciner clients, créateurs et designers. Magnifiques lignes de vases ou de bijoux.

(38) **Kunstverlag Wolfrum** – **D4** - *Augustinerstr. 10 - U 1, 3 Stephansplatz - 01 51253980 - www.wolfrum.at - tlj sf dim. 10h-18h (sam. 17h).* Éditeur de livres d'art, Wolfrum propose une sélection de cartes postales et d'affiches originales. Le rayon librairie est un paradis pour les amateurs de monographies et de catalogues d'expositions. Quelques œuvres d'artistes autrichiens contemporains sont en vente (photographie, gravure, peinture, petits formats).

## LE RING

***Plan détachable***

(19) **Marché de Noël de la place de l'hôtel de ville** – **C4** - *Rathausplatz - U 2 Rathaus - 01 5471987 - http://christkindlmarkt.at - de mi-nov. au 26 déc. : dim.-jeu. 10h-21h30, vend.-sam. 10h-22h (24 déc. 10h-18h, 25 et 26 déc. 11h-21h30).* Quelque 150 stands proposent pâtisseries, décorations de Noël, sucreries et vin chaud.

## WIEDEN

***Plan détachable***

Au sud des fameux étals du Naschmarkt, les alentours de la Schleifmühlgasse et de l'Operngasse ressemblent de plus en plus à une extension de Neubau. De petites boutiques de mode ou de mobilier mais aussi d'agréables cafés y fleurissent.

### Marché

(30) **Naschmarkt** – **D6** - *Linke Wienzeile/Kettenbrückengasse - U 1, 2, 4 Karlsplatz - 0660 4905561 - www.wienernaschmarkt.eu - alimentation : tlj sf dim. 6h30-19h30 (sam. 18h) ; puces, à l'extrémité sud : sam. 6h30-16h.* Le plus grand marché de la ville. Produits régionaux et du monde entier. Parmi les quelque 120 stands, le plus réputé est celui – minuscule – du boucher-charcutier-fromager Urbanek (stand 46 - lun.-jeu. 9h-18h30, vend. 8h-18h30, sam. 7h30-16h)

p. 66 et p. 100.

### Gastronomie

(31) **Alt Wien Kaffee** – **D6** - *Schleifmühlgasse 23 - U 1, 2, 4 Karlsplatz - 01 5050800 - www.altwien.at - tlj sf dim. 10h-18h (sam. 16h).* Une petite échoppe d'où émanent les effluves des cafés des meilleures plantations du monde.

### Mode, design, antiquités

**44 Bananas** – **C6** - *Kettenbrückengasse 15 - U 4 Kettenbrückengasse - ✆ 0664 3129449 - www.bananas.at - mar.-vend. 13h-18h, sam. 11h-16h.* Proche du Naschmarkt, cette belle boutique est spécialisée dans le mobilier et les objets design des années 1930-1980.

**33 Flo** – **D6** - *Schleifmühlgasse 15a - U 1, 2, 4 Karlsplatz, U 4 Kettenbrückengasse - ✆ 01 5860773 - www.flovintage.com - tlj sf dim. 10h-18h30 (sam. 15h30).* Le temple viennois de la haute couture version vintage, tous styles et époques confondus.

**34 Rauminhalt** – **D6** - *Schleifmühlgasse 13 - U 1, 2, 4 Karlsplatz - ✆ 0650 4099892 - www.rauminhalt.at - mar.-vend. 12h-19h, sam. 10h-15h.* Design et antiquités haut de gamme dans un ancien atelier de fourreur. Cher, mais beau.

## MQ, NEUBAU

***Plan détachable***

Voici les quartiers à visiter en priorité pour découvrir les créateurs viennois. Les membres de l'association de commerçants **7tm** (*✆ 0699 12274749 - www.7tm.at*) et l'office de tourisme fournissent le dépliant *7 tm* qui liste les différents magasins du quartier. L'association propose aussi des séances de shopping guidées *(3h - 60 € pour 1-4 pers.)* des boutiques indépendantes des 6e et 7e arrondissements. Par ailleurs, cinq fois par an se tient le marché du design **WAMP**, qui réunit quelque 150 créateurs au MuseumsQuartier *(www.wamp.at)*.

### Mode, bijoux, accessoires

**20 Bootik 54** – **B5** - *Neubaugasse 54 - U 3 Neubaugasse - ✆ 0699 10150145 - www.bootik54.com - tlj sf dim. 10h-19h (sam. 18h).* Deux boutiques en une : Vêtements et accessoires en tout genre et à prix tout doux.

**45 Brillen-Manufaktur** – **B6** - *Neubaugasse 18 - U 3 Neubaugasse - ✆ 01 5238200 - www.brillenmanufaktur.at - tlj sf dim. 10h-18h30 (sam. 17h).* Lunetier réputé, Nikolaus Hauser réunit ici, en plus de ses créations, des modèles danois et allemands au design novateur.

**22 Freitag** – **B5** - *Neubaugasse 26 - U 3 Neubaugasse - ✆ 01 5233136 - www.freitag.ch - tlj sf dim. 10h-19h (sam. 18h).* Les célèbres sacs « de coursier » suisses. Sobres ou délirants : 1600 modèles au choix !

**23 Ina Kent** – **B5** - *Siebensterngasse 50 - U 3 Neubaugasse - ✆ 0699 14777477 - http://inakent.com - tlj sf dim. 11h-19h (sam. 18h).* On craque pour les sacs en cuir vraiment pratiques et séduisants de cette jeune créatrice viennoise.

**24 Lila** – **C5** - *Kirchengasse 7 - U 3 Neubaugasse - ✆ 0699 11696012 - www.lila.cx - lun.-vend. 12h-18h, sam. 11h-17h.* Boutique d'une ex-costumière de théâtre reconvertie dans le prêt-à-porter féminin. Collections colorées et abordables. Le best-seller : un polo qui se porte aussi en robe.

**25 Park** – **B5** - *Mondscheingasse 20 - U 3 Neubaugasse - ✆ 01 5264414 - www.park-onlinestore.com - tlj sf dim.*

*10h-19h (sam. 18h).* Avec son design minimaliste, cet espace met en valeur les collections présentées par de jeunes créateurs européens.

26 **Combinat** - **C5** - *Museumsplatz - (côté Burggasse) - U 2, 3 Volkstheater/MuseumsQuartier - ✆ 01 2360596 - www.combinat.at - mar.-sam. 12h-19h.* Réunit, au sein du « Quartier des Musées », une belle brochette de jeunes créatrices autrichiennes et d'Europe centrale (Pitour, Aquanauta...).

27 **Shu!** - **B5** - *Neubaugasse 34 - U 3 Neubaugasse - ✆ 01 5231449 - www.shu.at - mar.-vend. 12h-19h, sam. 12h-17h.* La meilleure boutique de chaussures de toute la ville.

28 **Wabisabi** - **C5** - *Lindengasse 20 - U 3 Neubaugasse - ✆ 0664 5451280 - www.alle-tragen-wabi-sabi.at - mar.-vend. 11h-18h, sam. 11h-15h.* Cette styliste trouve son inspiration dans la mode traditionnelle japonaise. Le résultat est élégant, simple et original.



### Design, déco, antiquités

29 **Das Möbel** - **C5** - *Burggasse 10 - U 2,3 Volkstheater - ✆ 01 5249497 - http://dasmoebel.at - lun.-merc. 14h-0h, jeu.-vend. 9h-1h, sam. 10h-1h, dim. 10h-23h.* Un café où tout est à vendre : meubles et accessoires sont conçus par de jeunes designers.

48 **Die Sellerie** - **C5** - *Burggasse 21 - U 2,3 Volkstheater - ✆ 0668 8608429 - www.diesellerie.com - mar.-vend. 15h-19h, sam. 11h-17h.* Du bol en bois à la serviette en lin en passant par le coquetier, Patrick et Georg, tous deux graphistes, sont en train de créer une gamme d'accessoires déco très inspirée.

Jolies bougies parfumées importées de Scandinavie.

## LEOPOLDSTADT

***Plan détachable***

Le cosmopolite 2e arrondissement attire les créateurs viennois. De plus en plus de boutiques s'y installent.

### Marché

35 **Karmelitermarkt** - **E3** - *Karmeliterplatz - U 3 Taborstraße - marché : tlj sf dim. 6h-19h30 (sam. 17h) - bars, rest. et Imbisse : tlj sf dim. 6h-23h.* Produits régionaux et de saisons, sur une charmante place à l'écart des circuits touristiques.

### Mode, accessoires

36 **Song** - **E3** - *Praterstr. 11-13 - U 1 Nestroyplatz - ✆ 01 5322858 - www.song.at - mar.-vend. 10h-19h, sam. 10h-18h.* La mode dernier cri dans un vaste loft insoupçonnable derrière la vénérable façade jaune moutarde.

37 **Wundertüte** - **E3** - *Karmeliterplatz 2 - U 1 Nestroyplatz - ✆ 0664 2835546 - www.wundertuete.at - mar.-vend. 11h-19h, sam. 10h-14h.* Tout en couleurs et pour les filles.

S
WWW

# Sortir

*Repérez les adresses sur nos plans grâce aux pastilles numérotées (ex. 1). Les coordonnées en rouge (ex. C2) font référence au plan détachable (à l'intérieur de la couverture).*

## Bals, opéras, concerts...

La musique fait depuis longtemps la réputation de la capitale autrichienne. Tout ici est fait pour combler les mélomanes, notamment à travers quatre piliers institutionnels : l'**Opéra national** *(voir page ci-contre)*; le **Volksoper** est spécialisé dans les opéras en allemand; le **Musikverein** abrite l'Orchestre philharmonique de Vienne; le **Konzerthaus** *(Lothringerstr. 20 - www.konzerthaus.at)* propose de la musique contemporaine.



En été, églises, palais et scènes en plein air prennent le relais.

Concernant le théâtre et la danse, on trouve là encore des géants, comme le **Volkstheater**, le **Burgtheater** *(Universitätsring 2, www.burgtheater.at)* ou le **Theater in der Josefstadt** *(Josefstädterstr. 26 - www.josefstadt.org)*.

*« Visiter Vienne » et « Pour en savoir plus » p. 158.*

## ... mais pas seulement

Les amateurs de **jazz**, de **rock** ou de **musiques électroniques** auront également de quoi faire avec les nombreux lieux branchés où artistes locaux et d'Europe centre-orientale se produisent. Prenant le relais du **Bermuda-Dreieck** (*p. 34*), de nouvelles salles émergent dans les quartiers de Schwedenplatz, MQ, Neubau et Margareten, ou encore, sous les arcades de la ligne U 6, le long du Gürtel.

En été, les Viennois aiment venir après le travail sur la Donauinsel ainsi que le long du Donaukanal. Et pourquoi ne pas débuter la soirée dans l'un des musées ouverts jusqu'à 21h *(voir encadré p. 140)* ?

Côté **salles de cinéma**, la ville est bien équipée en multiplexes diffusant les derniers succès hollywoodiens. Les amateurs de films d'art et essai et/ou en V.O. trouveront tout de même leur bonheur (*www.skip.at/kinoprogramm/wien*).

De mi-juillet à fin août, l'Albertina programme les soirs de nocturne *(merc. 18h-23h)* un **Temporary Wednesday Club** assez spectaculaire sous l'extension de Hans Hollein, à la sortie du musée. Les DJ (électro généralement) et le bar sur place *(19h-23h)* attirent une foule chic et relativement jeune. La consommation donne droit à un billet à 3 € pour visiter l'Albertina. Attention : le nombre de participants est limité. Premier arrivé, premier servi !

## S'informer et réserver

Nostalgiques de l'Empire austro-hongrois ou clubbers trouveront des informations sur les événements à venir sur **www.wien.info**, dans la précieuse brochure mensuelle

*Wien-Programm* et dans l'hebdomadaire *Falter (www.falter.at)*.
*« Agenda culturel » p. 142.*
Les billets s'achètent sur le lieu même de l'événement ou à l'avance auprès du **Wien-Ticket Pavillon** *(Herbert-von-Karajan-Platz - 588 85 - www.wien-ticket.at - 10h-19h)*, à l'Opéra ou encore à l'office du tourisme de l'Albertina Platz. Ce dernier propose de 14h à 17h des billets à tarif réduit, pour des pièces de théâtres jouées le soir même. Pour les événements prisés, possibilité de réserver *via* votre agence de voyages ou sur **www.viennaticketoffice.com** *(en français)* et www.culturall.com. Autre site de référence : **www.oeticket.com**. Faites bien attention de ne réserver que sur ces canaux officiels.
La programmation est moins dense durant l'été, mais plusieurs événements continuent d'animer la ville, tel **ImPulsTanz** (*p. 143*).

## STEPHANSPLATZ ( & ALENTOURS)

1 **Jazzland** – **E3** - *Franz-Josefs-Kai 29 - U 1, 4 Schwedenplatz - 01 5332575 - www.jazzland.at - tlj sf dim.-lun. à partir de 19h.* Installée dans un caveau sous l'église St-Rupert, cette boîte accueille depuis des années des groupes internationaux. Excellente ambiance et bonne musique à partir de 21h.

2 **Porgy & Bess** – **E4** - *Riemergasse 11 - U 3 Stubentor - 01 5128811 - www.porgy.at - tlj à partir de 16h.* La salle culte du jazz viennois programme presque tous les soirs des musiciens internationaux.

19 **Ronacher** – **E5** - *Seilerstätte 9 - U 3 Stubentor - 01 58885 - www.musicalvienna.at - de 20 à 85 € - voir horaires représentations sur site Internet.* Grosse salle (1000 places) des années 1870, spécialisée dans la comédie musicale. Sous-titres en anglais.

## AUTOUR DE L'OPÉRA

3 **Opéra national (Staatsoper)** – **D5** - *Opernring 2 - U 1, 2, 4 Karlsplatz - 01 514442250 - www.wiener-staatsoper.at.* De septembre à juin, l'Opéra national programme une douzaine d'opéras et trois ballets par mois. Il est assez difficile d'obtenir des places assises, à moins de s'y prendre dès l'ouverture de la saison. La meilleure option, et la moins onéreuse, consiste à acheter des Stehplätze, places debout vendues 80mn avant le début de la représentation.

Entre avril et juin et en septembre, dans le cadre de l'**Oper Live Am Platz**, une vingtaine de spectacles lyriques sont retransmis sur écran géant sur la place attenante à l'Opéra.

## HOFBURG/MQ ET NEUBAU

20 **Celeste** – **C6** - *Hamburgerstr. 18 - U 4 Kettenbrückengasse - 01 5865314 - www.celeste.co.at - tlj sf mar. et dim. 20h-2h (6h jeu.-sam.).* Club-bar convivial invitant chaque semaine différents DJ. La tendance est à l'expérimental avec de la musique électronique, du cinéma en plein air et des concerts de jazz.

**4 Drechsler** – **D6** - *Linke Wienzeile 22 - U 1, 2, 4 Karlsplatz, U 2 MuseumsQuartier - 01 5812044 - www.cafedrechsler.at - 8h-0h, vend.-sam. 8h-2h.* Le Dreschler est un symbole transgénérationnel : tous les noctambules de Vienne s'y sont déjà rendus au moins une fois en fin de soirée. Depuis sa rénovation en 2007, les mauvaises langues lui reprochent d'avoir sacrifié son âme sur l'autel du design. En tout cas, le service est impeccable et la carte particulièrement fournie.

**5 Elektro Gönner** – **B6** - *Mariahilfer Str. 101 - U 3 Zieglergasse - 01 2086679 - www.elektrogoenner.com - tlj sf dim. 19h-2h (jeu.-sam. 4h).* Cet ancien magasin d'électronique s'est recyclé dans l'électro musicale et fait salle comble tous les soirs. Idéal pour prendre un verre avant que les DJ ne s'emparent des platines.



**21 Theater an der Wien** – **D6** - *Linke Wienzeile 6 - U 1, 2, 4 Karlsplatz - 01 588301010 - www.theater-wien.at - de 14 à 98 €.* Près du Naschmarkt, une salle du 19e s. où l'on donne des concerts, de la danse et des opéras de très haute qualité.

**6 Topkino** – **C5** - *Rahlgasse 1 - au coin de Theobaldgasse - U 2 MuseumsQuartier - 01 2083000 - www.topkino.at - lun.-merc. 11h-2h, jeu.-sam. 11h-4h, dim. 10h30-0h.* Vu de l'extérieur, Topkino ressemble à un café comme un autre. Mais le vélo accroché au plafond ne laisse pas de doute : ici, on est plutôt branché « courant alternatif ». Topkino est aussi un cinéma d'art et essai.

**7 Volksgarten** – **C4** - *Burgring 1 - U 2, 3 Volkstheater - 01 5324241 - http://volksgarten.at - à partir de 19h, 21h ou 23h.* Au pied du Ring, décor années 1950, toit ouvrant et nuits reggae, house, RnB... Bref, diverses ambiances dans trois-lieux-en-un où chacun trouvera son rythme. La référence dans le centre-ville.

**8 Volkstheater** – **C5** - *Arthur-Schnitzler-Platz 1 - U 2, 3 Volkstheater - 01 521110 - www.volkstheater.at.* Large palette de pièces de théâtre, du classique à l'avant-garde.

## LE RING, WIEDEN

**12 Flex** – **D2** - *Donaukanal/Augartenbrücke - U 3 Schottenring - 01 5337525 - www.flex.at - jeu.-sam. 23h-6h.* La discothèque la plus célèbre de Vienne, de renommée continentale, propose des soirées (techno, dub, indie, etc.) d'une incroyable énergie !

**13 Musikverein** – **D5** - *Musikvereinsplatz 1 - U 1, 2, 4 Karlsplatz - 01 5058190 - www.musikverein.at - billeterie lun.-vend. 9h-18h, sam. 9h-13h.* La prestigieuse Société des amis de la musique abrite l'orchestre philharmonique de Vienne, qui se produit seulement une vingtaine de fois dans l'année.

**22 Passage** – **D5** - *Babenbergerstr. - à l'angle du Burgring - U 2 MuseumsQuartier - 01 96166770 - www.club-passage.at - jeu.-sam. 22h/23h-6h.* Pour les amateurs de RnB, hip-hop et house, un ancien passage du métro transformé en discothèque sélect au décor vaguement futuriste.

14 **Strandbar Herrmann** – ***F3*** - *Herrmannpark - sur les quais, après Urania - U 1, 4 Schwedenplatz - ✆ 0688 8666036 - www.strandbarherrmann.at - avr.-sept. 10h-2h.* Une plage aménagée (chaises longues, parasols) et plusieurs bars. C'est dans la paillotecabine des secouristes que le DJ opère.

15 **Tel Aviv Beach** – ***E3*** - *Obere Donaustr. 65 - U 3 Schottenring - http://neni.at - avr.-oct. 12h-0h (par beau temps).* Les pieds dans le sable, ce café-restaurant sert une cuisine israélienne et, certains soirs, programme des DJ.

## JOSEFSTADT, ALSERGRUND

**Grelle Forelle** – ***Hors plan*** - *Spittelauer Lände 12 - U 4, 6 Spittelau - www.grelleforelle.com - vend.-sam. (souvent aussi jeu. et autres j.) 19h-20h ou 23h, jusqu'à 6h - entrée 10/20 €.* Champêtre, ce bar-club avec jardin est au bord du canal. La piste de danse, nichée sous le métro, ne fait le plein qu'à partir de 1h, et la programmation est toujours au niveau. Clientèle de trentenaires.

10 **Stadtbahnbögen** – ***B2*** - *sous les rails entre les stations de métro - U 6 Volksoper et Thaliastraße.* Au choix, blues, hip-hop et rock au Chelsea (www.chelsea.co.at), DJ et groupes en live au B72 (www.b72.at) ou électro au Rhiz (rhiz.org).

11 **WUK** – ***C2*** - *Währinger Str. 59 - U 6 Währinger Straße-Volksoper - ✆ 01 401210 - www.wuk.at.* Très alternative, cette maison de la culture indépendante autogérée programme musique, danse, concerts...

## LEOPOLDSTADT, PRATER

17 **Fluc + Fluc Wanne** – ***F2*** - *Praterstern 5 - S Praterstern, U 1, 2 - ✆ 0699 19255637 - www.fluc.at - tlj à partir de 20h env.* En bas, le Fluc Wanne : dans un ancien passage piéton bien insonorisé, des concerts gratuits (groupes rock ou rap, DJ, etc.). À l'étage, le Fluc, dans la partie récente, sobre et très contemporaine : un bar-piste de danse à la programmation plutôt electro (entrée payante, mais peu élevée).

18 **Pratersauna** – ***G3*** - *Waldsteingartenstr. 135 - U 2 Prater Messe - ✆ 0664 2502022 - www.pratersauna.tv - seult w.-end juin-sept.* Pour son décor unique, cette ancienne piscine au design des années 1960 fut le club le plus prisé de Vienne.

## SCHÖNBRUNN

25 **U4** – ***A8*** - *Schönbrunnerstr. 222 - U 4 Meidling Hauptstraße - ✆ 01 81711920 - www.u-4.at - mar.-sam. 22h-5h30.* Cet immense club propose des soirées thématiques (rock, étudiants, air guitar, etc.).

## EN PÉRIPHÉRIE

**Arena** – ***Hors plan*** - *Baumgasse 80 - U 3 Erdberg - ✆ 01 7988595 - http://arena.wien - à partir de 18h-20h.* Un peu éloigné du centre, non loin des gazomètres, l'Arena a investi des abattoirs désaffectés. Concerts, films, raves et soirées à thème.

# Se loger

Vienne offre principalement deux types d'hébergement : les hôtels et les pensions. Les adresses luxueuses ne manquent pas en centre-ville. Si votre budget est limité, passez au-delà du Ring et logez à Neubau ou Josefstadt. Pensez aussi aux auberges de jeunesse ou à l'hébergement chez l'habitant *(liste à l'office de tourisme)*. Vous ferez de belles affaires durant la basse saison *(nov.-mars sf Noël et Nouvel An)*. Mais, même durant cette période, pensez à réserver le plus tôt possible, soit sur le site Internet de l'hôtel, soit sur www.autriche.com (personnel francophone), soit sur www.wien.info ou encore en contactant la **centrale de réservation** au (01) 24555 *(tlj sf dim. 9h-19h)* qui applique une commission mineure. Pensez à demander quel type de lit est proposé : lits jumeaux, lit à deux matelas ou lit double (« français » *französisches Bett)*. Disposant souvent de différents types de chambres (avec ou sans salle de bains, balcon), les pensions pratiquent une politique de prix doux. Quel que soit l'établissement, les tarifs incluent un petit-déjeuner *(Frühstück)* et le wifi.

*Repérez les adresses sur nos plans grâce aux pastilles numérotées (ex. 1). Les coordonnées en rouge (ex. **C2**) font référence au plan détachable (à l'intérieur de la couverture). Nos tarifs correspondent au prix minimum d'une chambre double en haute saison.*

## STEPHANSPLATZ

### De 100 € à 150 €

16 **City Pension** – ***D4*** - *Bauernmarkt 10 - U 1, 3 Stephansplatz - 01 5339521 - www.citypension.at - - 18 ch. 99/149 € - 14,50 €.* Dans un édifice du 18ᵉ s. idéalement situé et à la déco soignée. Très bon rapport qualité/prix.

### Plus de 200 €

5 **Do & Co Hotel Vienna** – ***D4*** - *Stephansplatz 12 - U 1, 3 Stephansplatz - 01 24188 - www.docohotel.com - - 43 ch. - 279/329 € - 35 €.* Aménagé au sein de la Haas Haus, entre cathédrale et Graben, cet hôtel propose des chambres d'un luxe tout en douceur : teintes chaudes, teck, daim…

13 **Palais Coburg** – ***E5*** - *Coburgbastei 4 - U 3 Stubentor - 01 51818130 - http://palais-coburg.com - - 35 suites - 695 € - .* Ce palais du 19ᵉ s. trône à quelques pas du Ring. Tout y est grandiose : suites aux décors thématiques (Biedermeier, postmoderne, etc.), restaurant étoilé, Spa, piscine extérieure et superbe hall du Stadtbild aménagé autour de restes de fortifications du 16ᵉ s.

## FLEISCHMARKT

### Moins de 100 €

17 **Pension Dr. Geissler** – ***E4*** - *Postgasse 14 - U 3 Stubentor, U 1, 4*

*Schwedenplatz - ✆ 01 5332803 - www.hotelpension.at - P 20 €/j. - 23 ch. - 75/105 €* ☕. Perchée au 8e étage, cette pension est l'une des moins onéreuses du centre. Le mobilier est un peu défraîchi, mais on peut opter pour des chambres tout confort, un peu plus chères. Trois donnent sur la cathédrale, d'autres, Trois donnent sur la cathédrale, d'autres, plus calmes, sur la cour intérieure

### De 100 € à 150 €

19 **Pension Riedl** – **E4** - *Georg-Coch-Platz 3 - U 3 Stubentor, U 1, 4 Schwedenplatz - ✆ 01 5127919 - www.pensionriedl.at - ♿ wifi - 10 ch. 96/114 € - ☕ 8,90 €.* Pensez à réserver afin de profiter des chambres colorées de cette pension logée au 4e étage d'un immeuble Art nouveau. Bon accueil.



### De 150 à 200 €

26 **Hollmann Beletage** – **E4** - *Köllnerhofgasse 6 - U 1, 4 Schwedenplatz - ✆ 01 9611960 - www.hollmann-beletage.at - P wifi - 25 ch. - réception 7h-22h, w.-end 8h-21h - 189/219 €* ☕. On se sent comme chez des amis doués pour la déco dans cet hôtel avec cheminée dans le salon et salle de cinéma.

## LE RING

### De 100 à 150 €

25 **Hotel Rathaus Wien** – **C4** - *Lange Gasse 13 - U 2 Rathaus - ✆ 01 4001122 - www.hotel-rathaus-wien.at - P 25 €/j. - wifi - 40 ch. - 123/146 € - ☕ 18 €.* Dans une rue calme de Josefstadt se cachent des chambres modernes et chaleureuses. L'accueil complète ce tableau de bonnes notes.

10 **Motel-One Wien-Staatsoper** – **D5** - *Elisaberaße 5 - U 1, 2, 4 Karlsplatz - ✆ 01 5850505 - www.motel-one.com - 400 ch. dont 234 doubles sur 6 étages - 79/119 €.* Difficile de trouver meilleur rapport qualité-prix à deux pas de l'Opéra ! Les chambres au design minimaliste sont certes exiguës mais le hall est bluffant avec ses stucs néo-Renaissance (on est ici dans l'ancien palais Wehli, de 1870). Accueil souriant, bon petit-déjeuner.

### Plus de 200 €

3 **Bristol** – **D5** - *Kärtner Ring 1 - U 1, 2, 4 Karlsplatz - ✆ 01 515160 - www.bristolvienna.com - 150 ch. 240/329 € - ☕ 36 €.* Un hôtel de prestige prisé des divas, presque une annexe de l'Opéra. Œuvres d'art à chaque étage, confort douillet et service à toute épreuve : les caractéristiques d'un vrai palace.

11 **The Levante Parliament** – **C4** - *Auerspergstr. 9 - U 2 Rathaus - ✆ 01 2282828 - www.thelevante-parliament.com - P ♿ - 67 ch. 160/209 €* ☕. Cet hôtel design est aménagé dans un ancien sanatorium. L'art du maître verrier Ioan Nemtoi et le savoir-faire de l'architecte Michael Stepanek se conjuguent dans ce lieu exceptionnel.

## WIEDEN

### Moins de 100 €

28 **Wombat's at the Naschmarkt** – **C6** - *Rechte Wienzeile 35 - U 4*

*Kettenbrückengasse - ✆ 01 8972336 - www.wombats-hostels.com - Wi-Fi - 16/33 €/pers. en dortoir - 78/90 € en ch. double - ☕ 4,90 €.* Près du marché, la seconde adresse viennoise de cette chaîne d'auberges de jeunesse bénéficie d'installations modernes et colorées

### *De 150 à 200 €*

**29 Das Triest** – **D6** - *Wiedner Hauptstr. 12 - U 1, 2, 4 Karlsplatz - ✆ 01 589180 - www.dastriest.at - ♿ - 72 ch. 134/194 € - ☕ 26 € -* ✕. Confortable et au style avant-gardiste, le relais de poste, sur la route Vienne-Trieste, abrite des chambres signées Terence Conran.

## BELVÉDÈRE

### *De 100 € à 150 €*

☺ **34 Grätzlhotel** – **D7** - *Favoritenstr. 17 - U 1 Taubstummengasse - ✆ 01 2083904 - www.graetzlhotel.com - Wi-Fi - 21 appart. 62/121 €.* Des architectes ont investi ce quartier, transformant des locaux commerciaux en street lofts (avec kitchenette). Bureaux de tabac ou ateliers d'artiste sont ingénieusement convertis pour la nuit. Accueil personnalisé.

## MQ

### *Moins de 100 €*

**30 Bed in Vienna** – **C5** - *Sigmundsgasse 3 - Bus 2A, 13A, Tram 49 Siebensterngasse/Stiftgasse, U 2, 3 Volkstheater - ✆ 0699 11147620 - http://bedinvienna.com - 39 €/pers. (avec 2 pers. et 20 € de nettoyage au dép.) - réception à partir de 12h30 dans la « Boutique ».* Dans le quartier du Spittelberg, tout proche du MQ, Joséphine, franco-autrichienne, met à disposition son superbe appartement de famille, de style Biedermeier, simplement meublé (sans TV). Excellent accueil. Privilégiez la réservation par téléphone.

### *De 150 à 200 €*

**27 25hours Hotel Wien** – **C4** - *Lerchenfelder Str. 1-3 - U 2, 3 Volkstheater - ✆ 01 521510 - www.25hours-hotels.com - P 28 €/j. - ♿ - 217 ch. (dont 22 suites avec kitchinette) - 124/180 € - ☕ 16/21 € -* ✕. Ce cube de verre abrite des chambres design et des suites confortables, toutes décorées sur le thème du cirque. Bar panoramique

### *De 150 à 200 €*

☺ **1 Boutique Hotel Altstadt Vienna** – **C5** - *Kirchengasse 41 - U 2, 3 Volkstheater - ✆ 01 5226666 - www.altstadt.at - ♿ Wi-Fi - 45 ch. 164/201 € ☕.* Passé le hall somptueux, on découvre des chambres aussi confortables que surprenantes. Celles décorées par l'architecte et designer italien Matteo Thun enchanteront les plus exigeants.

## NEUBAU, MARIAHILF

### *Moins de 100 €*

**31 Hotel am Brillantengrund** – **B5** - *Bandgasse 4 - U 3 Neubaugasse - ✆ 01 5233662 - http://brillantengrund.com - P 15 €/j. - Wi-Fi - 34 ch. - 99 € ☕ -* ✕. Le charme de cet hôtel qui associe modernité et esprit rétro (années 1950 à 1970) tient beaucoup à son hall-patio. Les petites chambres sont équipées de cabines de douche

6 **Hostel Ruthensteiner** – **A7** - *Robert-Hamerlinggasse 24 - S Westbahnhof, U 3, 6 - 01 8934202 - www.hostelruthensteiner.com - - 38 ch. - 12/38 €/pers. en dortoir (6/10 pers.) - 60/160 € la ch. double.* Après avoir parcouru le monde, les propriétaires ont créé cette auberge de jeunesse sympathique et cosmopolite. Salle de bains privée ou en commun selon la chambre.

32 **Pension Hargita** – **B6** - *Andreasgasse 1/8 - Mariahilferstr. - U 3 Neubaugasse - 01 5261928 - www.hargita.at - - 19 ch. 68 € (WC et sdb partagés) et 74 € - 7 €.* Des chambres exiguës, rénovées et bien tenues. L'entrée, arrangée avec soin, évoque la Transylvanie natale des propriétaires.

18 **Pension Kraml** – **B6** - *Brauergasse 5 - U 3 Zieglergasse - 01 5878588 - www.pensionkraml.at - P - 14 ch. 49/69 € (WC et sdb partagés) et 69/99 € .* Décorée avec goût, cette chaleureuse pension familiale donne dans une rue calme. Idéale pour les budgets serrés (quelques chambres sans douche).

33 **Wombat's City Hostel** – **A6** - *Mariahilfer Str. 137 - U 3, 6 Westbahnhof - 01 8972336 - www.wombats-hostels.com - - 17/33 € le lit en dortoir, 68/75 € la ch. double 4,90 €.* Une des deux adresses de la chaîne Wombat's à Vienne. Gigantesque, l'auberge de Mariahilfer Straße sait se faire conviviale : outre les dortoirs, elle dispose de 28 chambres doubles.

### De 100 à 150 €

20 **Boutiquehotel Stadthalle** – **A6** - *Hackengasse 20 - U 3, 6 Westbahnhof - 01 9824272 - www.hotelstadthalle.at - P 14 €/j. - - 79 ch. - 83/154 € - .* Cette pension multiplie les labels écologiques. Résultat : son bilan énergétique est neutre. Chambres décorées avec goût, service efficace, jardin et, évidemment, petit-déjeuner à base de produits bio.

## LEOPOLDSTADT

### Moins de 100 €

24 **Praterstern** – **F3** - *Mayergasse 6 - S Praterstern, U 1, 2 - 01 2140123 - www.hotel-praterstern.at - P 12 €/j. - - 40 ch. 76/86 € - 9 €.* Une excellente adresse, située dans une rue calme près du Prater. Les chambres simples donnent sur une jolie cour intérieure où le petit-déjeuner est servi en été.

## PROCHE PÉRIPHÉRIE

### De 100 à 150 €

**Roomz Vienna** – **Hors plan** - *Paragonstr. 1 - U 3 Gasometer - 01 7431777 - www.roomz-hotels.com - P 5 €/j. - - 152 ch. - 79/155 € - 15 €.* Sans être trop éloignée, dans un quartier qui vit une mue audacieuse, cette adresse étonne avec ses chambres au design moderne et coloré, à prix tenus.

# *Vienne pratique*





*Quatre lignes de tramway et deux de métro desservent le Kunsthistorisches Museum, dans le quartier du Ring.*
P. Adams/AWL Images/Getty Images

# Préparez votre voyage

## FORMALITÉS D'ENTRÉE

Les citoyens de l'Union européenne et les Suisses doivent être en possession d'une carte d'identité ou d'un passeport en cours de validité.

## VENIR EN AVION

Les avions atterrissent à l'aéroport **Vienna International Airport-Schwechat**, 19 km au sud-est de Vienne. ✆ (01) 700 72 22 33 - www.viennaairport.com

*« Arriver à Vienne », p. 3, pour les liaisons vers la ville.*



### Compagnies régulières

**Air France** – Trois vols quotidiens au départ de Paris. ✆ 36 54 - www.airfrance.fr

**Austrian** – Au départ de Paris, Lyon, Nice, Bruxelles, Bâle-Mulhouse et Genève. ✆ 0820816816 - www.austrian.com

**Brussels Airlines** – Vols quotidiens au départ de Bruxelles. ✆ 0902 51600 (Belgique) - ✆ 0892640030 (France) - www.brusselsairlines.com

**Swiss International Airlines** – Au départ de Genève. ✆ 0848700700 (Suisse) - www.swiss.com

**Luxair** – Au départ de Luxembourg. ✆ (0352) 2456 4242 - www.luxair.lu

### Compagnies à bas prix

Attention, dans ce marché très fluctuant, les dessertes sont souvent modifiées. Et n'oubliez pas que le prix annoncé ne comprend ni bagages en soute, ni prestations de confort.

**Transavia** – La filiale low-cost d'Air France-KLM propose des vols au départ de Paris Orly à partir de 35 € l'aller. ✆ 0 892 05 88 88 - www.transavia.com

**Eurowings** – Départs de Marseille, Nice, Lyon et Bastia. ✆ 0 892 39 01 58 - www.eurowings.com

## VENIR EN TRAIN

Le train de nuit direct entre Paris et Vienne ayant été supprimé, prévoyez au moins 12h de train et un changement, à Zurich ou ailleurs. La **Hauptbahnhof** (ex-Südbahnhof), inaugurée fin 2015, capte l'ensemble du trafic ferroviaire international (Prague, Budapest, Varsovie, Zurich, etc.).

**SNCF** – ✆ 35 65 - www.oui.sncf

**SNCB** – www.belgiantrain.be/fr

**Sur place : ÖBB** – ✆ 05 1717 - www.oebb.at

## VENIR EN AUTOCAR

De France et de Belgique, Eurolines dessert Vienne plusieurs fois par semaine. Comptez 18h de trajet.

**Eurolines** – ✆ 0 892 899 091 - www.eurolines.fr.
À Vienne : Erdbergstraße 200A - 1030 Wien - ✆ (49) 69 971 944 833 - www.eurolines.at - 8h-18h.

## ARGENT

La devise est l'**euro**.

**Paiements** – Les cartes de crédit internationales sont acceptées dans les commerces, hôtels et restaurants. Dans les bars, c'est plus aléatoire. Quelques pensions demandent un règlement en liquide. On peut retirer des euros aux nombreux distributeurs automatiques, signalés par un B bleu et vert.

**Budgets et tarifs réduits** – Vienne est une ville chère pour l'hébergement, les visites et les transports. Seniors et étudiants bénéficient de tarifs réduits (-19 ans accès gratuit dans la plupart des musées). Divers forfaits et cartes permettent de limiter les dépenses. Il est possible de se restaurer copieusement à moindres frais.

*« Transports en commun » p. 138 et « Vienna City Card » p. 139.*

## SAISONS

Quelle que soit la saison, Vienne mérite le voyage. Sachez cependant que la ville est ouverte à tous les vents et connaît des saisons marquées : étés chauds, hivers (très) froids et enneigés. Les touristes y sont plus nombreux pendant les mois d'été. Pour profiter de la ville paisiblement, optez plutôt pour le printemps ou l'automne et évitez les mois de juillet et août.

Prévisions sur **www.meteofrance.com**

*Pour choisir votre date de séjour, voir aussi l'« Agenda culturel » p. 142.*

## POUR EN SAVOIR PLUS

### *Office national autrichien du tourisme*

**www.austria.info/fr**
**En France** – 0800 941921
**En Belgique** – 00800 400 200 00
**En Suisse** – 00800 400 200 00

### *Office du tourisme de Vienne*

**Vienna Tourist Info** – Albertinaplatz 1 (à l'angle de la Maysedergasse) - (01) 24555 - www.wien.info/fr - tlj 9h-19h. Informations pratiques et culturelles, visites guidées, brochures, réservations d'hébergement, plan de ville, vente de billets, Vienna City Card, etc. Annexes dans le hall d'arrivée de l'aéroport (7h-22h) et à la gare centrale (Wien Hauptbahnhof, 9h-19h).

### *Sites Internet*

**www.wien.info/fr** – Excellent site de l'office de tourisme (en français).
**www.austria.info/fr** – Toute l'Autriche sur un seul site (en français).
**www.wienxtra.at** – Vienne pour les jeunes (en allemand surtout).
**www.falter.at** – Hebdo culturel, cinéma, fêtes... (en allemand).
**www.wien.gv.at** – Le site (en allemand et anglais) de la municipalité permet de suivre l'actualité (urbanisme, politique, événements) de la capitale autrichienne.
**www.autriche.com** – Propose une sélection d'hôtels dont le personnel est francophone.
**www.spottedbylocals.com/vienna** – Des résidents partagent leurs lieux de prédilection.

# Votre séjour de A à Z

## À PIED

C'est de loin le meilleur moyen de parcourir la vieille ville (**Innere Stadt** ou 1er arrondissement). Des panneaux marron signalant les attractions principales vous guideront.

## ADRESSES

Les 2e et 3e chiffres des **codes postaux** viennois correspondent aux arrondissements (par exemple : « 1070 » correspond au 7e arr.). Certaines adresses s'écrivent ainsi : *« 1 nom de rue 2 »*. Le premier chiffre correspond à l'arrondissement et le second indique le numéro de rue.



## AMBASSADES

**Ambassade de France** – Technikerstr. 2 - 1040 Wien - ✆ (01) 50 27 50 - www.ambafrance-at.org
**Ambassade de Belgique** – Schönburgstr. 10 - 1040 Wien - ✆ (01) 50 20 70 - www. diplomatie.belgium.be/austria
**Ambassade de Suisse** – Prinz-Eugen-Str. 9a - 1030 Wien - ✆ (01) 795 05 - www.eda.admin.ch/rkcwien

## BANQUES

*« Argent » p. 133 et « Horaires » ci-contre.*

## DÉCALAGE HORAIRE

Pas de décalage avec Paris, Bruxelles et Genève : GMT + 1 (et GMT + 2 d'avril à octobre). La nuit tombe 55mn plus tôt qu'à Paris, 47mn plus tôt qu'à Bruxelles, 42mn plus tôt qu'à Genève.

## ÉLECTRICITÉ

Le voltage du secteur est de 220 volts, comme partout en Europe continentale. Les prises sont identiques à celles de France ou de Belgique, mais les Suisses doivent se munir d'un adaptateur.

## HANDICAP

Vienne est une ville relativement facile pour les personnes à mobilité réduite (même si certaines rues sont pavées dans le centre-ville) : plutôt plate, trottoirs larges. Les transports (tramway et bus) sont accessibles. Toutes les informations sur les lieux adaptés (musées, restaurants, WC, etc.) sont disponibles sur le site de l'office de tourisme : **www.wien.info**. On y propose aux non-voyants un plan tactile du 1er arr.

## HORAIRES

Les Viennois se lèvent tôt, commencent à travailler vers 8h, font une courte pause à midi et finissent leur journée de travail vers 17h.

**Commerces** - lun.-vend. 9h-18h/19h (12h/13h sam.). Dans les lieux touristiques, ils ferment parfois plus tard (21h, 17h sam.), jusqu'à 23h dans les gares. Presque tous sont fermés le dimanche. « *Shopping* » p. 113.
**Banques** - lun.-vend. 9h-12h30, 13h30-15h (17h30 jeu.).
**Musées** - « *Visites* » p. 140.
**Poste** - lun.-vend. 8h-12h, 14h-18h.
**Restaurants** - En général, service continu de 12h à 22h.
**Spectacles** - Commencent vers 19h.

## INTERNET

Vous trouverez quelques cafés Internet au-delà du Ring.
**World Net Café** - Mariahilfer Str. 103 (Passage) - Zieglergasse U3 - lun.-vend. 9h-20h, sam. 10h-18h.

### *Wifi/V-LAN*

La grande majorité des hébergements disposent d'un accès Internet gratuit, ainsi que les restaurants, cafés et bars, généralement équipés en wifi (dits *V-LAN/Freewave* en Autriche).
Le site internet « www.freewave.at/hotspots » recense les lieux équipés en wifi.

## INFORMATIONS TOURISTIQUES

De petites brochures en français bien faites sont offertes dans les offices de tourisme et à l'entrée des sites.
« *Pour en savoir plus* » p. 133.

## JOURS FÉRIÉS

**1er janvier** - Nouvel An *(Neujahr)*
**6 janvier** - Épiphanie *(Dreikönigstag)*

### *Pas de panique !*

**Appel d'urgence** - ✆ 112
**Urgences médicales** - ✆ 144
**Médecins 24h/24 (Ärztenotdienst)** - ✆ 141
**SOS Dentistes** - ✆ 512 20 78
**Pharmacies de garde** - ✆ 1455
**Bon à savoir** : liste des médecins francophones sur www.ambafrance-at.org/Medecins
**Police** - ✆ 133
**Objets trouvés** - ✆ 4000 8091
**Perte cartes bancaires (Kreditkartenverlust)** - Numéro fourni par votre banque ou : Visa - ✆ 0800 200 888 ; Mastercard - ✆ 0800 218 235.

**Mars/avril** - Lundi de Pâques *(Ostermontag)*
**1er Mai** - Fête du Travail *(Maifeier)*
**Mai/juin** - Jeudi de l'Ascension *(Christi Himmelfahrt)*, Lundi de Pentecôte *(Pfingstmontag)* et Fête-Dieu *(Fronleichnam)*
**15 août** - Assomption *(Maria Himmelfahrt)*
**26 octobre** - Fête nationale *(Nationalfeiertag)*
**1er novembre** - Toussaint *(Allerheiligen)*
**8 décembre** - Immaculée Conception *(Maria Empfängnis)*
**25 et 26 décembre** - Noël *(Weihnachten)*

## LANGUE(S)

Allemand dialectal, enrichi de langues d'Europe centrale. Les Viennois parlent souvent l'anglais, voire le français ou l'italien. *Lexique franco-allemand en fin de guide.*

## POSTE

Dans le centre : **Hauptpostamt** – Fleischmarkt 19 - lun.-vend. 7h-22h, sam. 9h-22h, mais 24h/24 pour les guichets automatiques. Vous trouverez également des timbres *(Briefmarken)* dans les tabacs et kiosques. Rens. : www.post.at.

Voir aussi « *Horaires* » *p. 134.*

## POURBOIRE

Le pourboire (10 % en général) est une institution, que ce soit pour le serveur, le taxi, l'hôtel, le guide, etc. Au restaurant et au café, on ne le laisse pas sur la table, mais on le donne directement au serveur au moment de régler l'addition, en lui indiquant sur quel montant il doit rendre la monnaie (« Nehmen Sie... »/« Servez-vous sur... ») ou encore (plus familier) « Auf... » (« sur... »). Pour signaler au serveur qu'il peut garder la monnaie, on se contentera d'un « Paßt schon » (« cela va comme ça »).

## PRESSE ET MÉDIAS

Vous trouverez la presse française dans la plupart des kiosques du centre-ville et dans les grands cafés.

TV5, diffusée dans les hôtels, côtoie les chaînes locales (ORF), allemandes et celles des pays voisins.

Pour écouter RFI : 98.9 Telekabel Wien.

## RESTAURATION

*« Nos adresses/Se restaurer » p. 96.*

Le **service** est le plus souvent **continu** de 12h à 22h. Les cafés et les restaurants proposent à midi des *Mittagsmenü* (en sem.) variant de 7,50 € à 12,50 €.

Une alternative populaire reste pratique : les saucisses que l'on déguste debout.

Le soir, les tarifs augmentent et la réservation est conseillée. Sachez que le pain et l'eau sont en supplément et qu'un pourboire est attendu.

*« Pourboire » ci-contre.*

## SÉCURITÉ

Le taux de criminalité est inférieur à celui des autres grandes capitales européennes. Vous serez surpris par le faible nombre de policiers visibles dans les rues.

Attention tout de même aux vols à la tire.

## TABAC

L'Autriche est avec la Grèce le pays de l'UE où l'on consomme le plus de tabac. Il s'achète dans les *Tabak Trafik*.

Les lieux publics sont non-fumeurs depuis 2005, de même que les restaurants depuis 2010. Mais il est encore possible de fumer dans des zones réservées (selon le choix du patron qui peut aussi acquitter une amende).

De fait, les fumeurs ont encore droit de cité dans de nombreux établissements viennois.

## TAXI

Vous pouvez réserver un taxi par téléphone (313 00, 401 00, 601 60) ou vous présenter directement aux bornes. La prise en charge s'élève à 3,80 € le jour et à 4,30 € la nuit ainsi que les dimanches et jours fériés, puis 1,42/1,62 € le km. Supplément pour réservation par téléphone : 2,80 €.
*« Arriver à Vienne » p. 3.*

## TÉLÉPHONE

### *Appels internationaux*

Pour appeler l'Autriche à partir de l'étranger : 0043 + indicatif téléphonique de la ville (le 01 pour Vienne) sans le zéro + numéro du correspondant.



Pour téléphoner en France, faites le 0033 + le n° du correspondant sans le 0 initial.

### *Numéros locaux*

Le nombre de chiffres est variable. Les services officiels ont droit à des numéros courts alors que les autres abonnés ont des numéros à 7 chiffres.
**Renseignements** – 118 811 (3,64 €/mn).

### *Cabines téléphoniques*

Pour appeler l'étranger, vous pouvez utiliser les cabines qui fonctionnent à pièces ou, plus rarement désormais, à cartes prépayées *(Wertkarten)* qui s'achètent dans les tabacs et les kiosques.

### *Téléphones portables*

Vous pouvez acquérir des cartes SIM rechargeables, comprenant un numéro local et un forfait minuté.

## TOILETTES

On trouve des toilettes payantes dans le quartier touristique et dans les gares. Celles des musées sont en revanche gratuites.

## TRANSPORTS EN COMMUN

### *Réseau*

Grâce à un réseau dense et efficace, on se déplace rapidement dans l'agglomération. Les « Wiener Linien » desservent le centre : la zone 100 (tous les arrondissements).
**Métro** – Les cinq lignes de l'U-Bahn (numérotées de 1 à 6, la ligne 5 n'existant pas encore, *p. 167*) sont repérables à leur enseigne **U**. Chaque arrêt est annoncé dans la rame.
**Tramway** – Ils arborent les couleurs de la ville : le blanc et le rouge. Les arrêts sont repérés par des panneaux blancs ovales cerclés de rouge « Straßenbahn – Haltestelle ». Chaque arrêt est annoncé.
**Bus** – Les arrêts sont signalés par des panneaux blancs ovales cerclés de noir « Autobus – Haltestelle ». Les bus sont pratiques pour parcourir les arrondissements périphériques.
**Train** – Le S-Bahn (S) et les trains de l'ÖBB desservent plusieurs gares de l'agglomération. Le ticket des S est le même que celui utilisé dans les autres moyens de transport dans la zone 100.

### *Horaires*

Métro, tramways et autobus circulent de 5h30 à 0h et toute la nuit les vendredis et samedis. Il existe des bus de nuit qui sont reconnaissables à leur « N » et circulent toutes les 30mn.

### *Tarifs, forfaits et infos*

**Ticket à l'unité** – Il coûte 2,40 €. Il permet d'utiliser pendant 1h tous les moyens de transport du réseau viennois (zone 100) et autorise les changements nécessaires dans une même direction.

**Forfaits** – **Netzkarte 24 Stunden Wien** (8 € pour 24h) et **Netzkarte 72 Studen Wien** (17,10 € pour 72h), couvrent le réseau (zone 100), sauf les bus de nuit. Les tickets sont disponibles dans les distributeurs (indications en français) des stations de métro et dans les tabacs.

Vous trouverez des informations sur le site Internet **www.wienerlinien.at** et dans les points d'information situés dans les stations de métro principales (celui de la station Stephansplatz est ouv. 6h30-18h30, w.-end 9h-17h).

La **Vienna City Card** *(ci-dessous)* combine transports et visites.

## VÉLO

Quelque 1380 km de pistes cyclables sillonnent Vienne. Le plan gratuit *Radkarte Wien* édité par l'Hôtel de Ville *(p. 54)* les mentionne toutes, ainsi que l'emplacement des stations de Citybike, des différents loueurs et des ateliers de réparation.

Dans les gares, au Prater et le long du Danube, vous trouverez des points de location (env. 15 €/j).

**Location et visites guidées** (en français) chez Pedal Power (Ausstellungsstr. 3 - Prater - 729 72 34 - www.pedalpower.at).

*p. 140.*

### *Citybike*

Des vélos sont mis à disposition 24h/24 dans 120 stations. Après paiement initial de 1 €, la première heure est gratuite (et ce autant de fois que vous le voulez pour une période de 3 ans, mais il faut patienter 15mn entre deux prises de vélo). Au-delà, vous payez de 1 à 4 € selon la durée et laissez le vélo dans n'importe quelle station.

Pour se créer un compte utilisateur en borne, il suffit d'avoir une provision de 20 € sur sa carte bancaire (Visa, Mastercard, Maestro) et de suivre les instructions (en français) à la lettre. Par la suite, on emprunte un vélo en insérant sa carte bancaire et le code choisi.

www.citybikewien.at. En cas de problème, ligne 24h/24 : (01) 7980 777/0810 500 500 (à Vienne).

On ne peut emprunter qu'un seul vélo par CB. Le système fonctionne bien, mais les stations ne sont pas légion (9 le long du Ring mais 6 seulement dans l'Innere Stadt). L'anti-vol peut se révéler compliqué à activer. Enfin, sachez que les citybikes n'ont qu'un seul frein (rétropédalage) et ne disposent pas toujours de 3 vitesses.

## VIENNA CITY CARD (WIEN-KARTE)

Valable 24h, 48h ou 72h, d'un coût de 17, 25 ou 29 €, elle est vendue à l'office de tourisme, dans les hôtels, à l'aéroport, à la gare et dans les centres d'information des Wiener Linien. Elle donne accès aux

métro, trams et bus, tout en faisant bénéficier de réductions de 10 à 20 % dans certains musées, *Heurigen*, restaurants et quelques magasins. Elle n'est intéressante que si vous utilisez beaucoup les transports en commun ou si vous voyagez avec un enfant de moins de 15 ans (gratuité à raison d'un enfant par carte).
**www.viennacitycard.at** ou **www.wien.info/fr**

## VISITES

Les musées sont en général ouverts de 9h ou 10h à 17h ou 18h. Certains ferment le lundi ou mardi (et les jours fériés) ou proposent des nocturnes une fois par semaine *(voir encadré ci-contre)*. Tarifs des visites : à partir de 5 € et parfois bien au-delà de 10 €. On peut réduire les dépenses grâce à la Vienna City Card ou à des billets combinés.
Les musées gérés par la ville sont gratuits le 1er dimanche du mois. www.wienmuseum.at.



### *Ouvert la nuit*

*Presque tous les grands musées viennois ouvrent leurs portes le soir, au moins une fois par semaine :*
***Mardi jusqu'à 22h** : MAK (Ring), tarif réduit à partir de 18h.*
***Mercredi jusqu'à 21h** : Albertina (Hofburg) ; musée d'Histoire naturelle (Ring) ; Belvédère 21.*
***Jeudi jusqu'à 21h** : musée des Beaux-Arts ; Kunsthalle ; Leopold Museum et MUMOK (dans le MuseumsQuartier) ; Galerie Westlicht (Neubau/Mariahilf).*
***Vendredi jusqu'à 21h** : Albertina ; Belvédère Supérieur et Inférieur ; Bank Austria Kunstforum (Freyung).*
***Tous les jours jusqu'à 22h** : Maison de la musique (quartier de l'Opéra).*

## VISITES GUIDÉES

### *Promenades en ville*

**Découvrir Vienne** – (0) 699 113 000 41 - www.decouvrir-vienne.com. La référence des visites guidées en français. Cette association regroupe une dizaine de guides professionnels dotés d'une licence officielle. Circuit régulier au départ de l'Albertina, sans réservation, de mi-avr. à mi-sept., vend. 18h (22 €).
Circuit personnalisé à partir de de 195 € (2h, jusqu'à 7 pers.).

**Verein Wiener Spaziergänge** – (01) 774 89 01 - www.wienguide.at. L'office de tourisme propose des promenades thématiques guidées (les Habsbourg, Secrets du Ring...) en anglais et en allemand (1h30-2h env.), 16 € (sans l'entrée dans les monuments), réservation non obligatoire.

### *En bateau*

**DDSG Blue Danube** – Handelskai 265 - (01) 588 80 - www.ddsg-blue-danube.at. Croisières diverses sur le Donaukanal et le Danube (dép. du Schwedenbrücke). Mais aussi les navettes **Twin City Liner** (www.twincityliner.com) qui relient de 3 à 5/j Vienne (Schwedenplatz) à **Bratislava**, la capitale slovaque, en 1h15/1h45. Prix : 30 € l'aller simple (35 € w.-end et j. fériés). Pensez à réserver.

### *En fiacre*
Le coût de la promenade oscille entre 55 € (vieille ville) et 80 € (vieille ville et Ring). Mettez-vous d'accord avec le cocher sur le tarif de la course avant le départ. Stations sur l'Albertinaplatz, la Heldenplatz, la Petersplatz, la Stephansplatz (flanc nord de la cathédrale) et près du Burgtheater.

### *En bus*
**Vienna Sightseeing Tours** - ✆ (01) 71 24 68 30 - www.viennasightseeingtours.at - à partir de 28 € (valable 24h). Visite de la ville avec la « Vienna Line Hop on Hop off » le long du Ring (ligne rouge), vers Schönbrunn (jaune), le Danube (bleue) ou Grinzing (verte). Tickets vendus dans les hôtels.

### *En tramway*
La ligne spéciale Vienna **Ring Tram** fait le tour du Ring (10h-17h30, ttes les 30mn - 9 €). Intérêt limité.

### *À vélo ou en Segway*
**Vienna Explorer** - ✆ (01) 89 09 682 - www.viennaexplorer.com - de déb. mai à fin sept. : tlj sf lun. et merc. dép. 14h30 du Franz-Josefs-Kai 45 (U Schottenring, 2 ou 4) - durée 3h - 35 €. Balade à vélo à la découverte des principales curiosités de la ville.

**Pedal Power** - Ausstellungsstr. 3 (Prater) - ✆ (01) 729 72 34 - www.pedalpower.at. Visites à vélo : mai-sept. dép. à 10h, Elisabethstr. 16, Schillerpark - durée env. 3h - 36 € - réserv. indispensable.
Également des visites en Segway (www.segway-vienna.at).

### *Visites gourmandes et insolites*
**Dîners au musée** - Nombreux sont les musées viennois à abriter cafés et restaurants, mais certains vont plus loin en associant art et gastronomie.
Le **museum d'Histoire naturelle** reçoit le mercredi soir autour d'un buffet de poissons et fruits de mer, avec une visite inédite des combles, de la coupole aux toits (www.food-affairs.at - 55 € - réserv. obligatoire).
Le **Kunsthistorisches Museum** combine repas gastronomiques et visites guidées le jeudi (18h30-22h) et le dimanche (à l'heure du brunch) (www.genussimmuseum.at - 55 € en plus de l'entrée du musée).
Dans le cadre de ses expositions temporaires, le **Belvédère** organise des dîners composés de mets assortis aux œuvres commentées (www.belvedere.at).
**Visite sur les pas du Troisième Homme** - Voir p. 164.

# Agenda culturel

## RENDEZ-VOUS ANNUELS

### *Janvier - février*

▶**Nouvel An** – Il commence à Vienne lorsque sonne la *Pummerin*, l'énorme cloche du Stephansdom.

▶**Concert du Nouvel An** – (1er janv.) Concert exceptionnel de l'orchestre philharmonique diffusé en direct en mondiovision. Réservation du 2 janv. au 28 fév. de l'année précédente, puis tirage au sort ! - www.wienerphilharmoniker.at.

▶**Rêve glacé viennois** – Patinage devant l'hôtel de ville, 10h-22. www.wienereistraum.com



▶**Résonances** – (dès mi-janv.) Concerts de musique médiévale et baroque. www.konzerthaus.at

▶ **Bal de l'Opéra** – (31 janv.) Le plus huppé des bals viennois. *« Pour en savoir plus » p. 158.*

▶**Bal des Cafetiers** – (fév.) Ce n'est pas le plus connu mais sûrement l'un des plus chaleureux. www.kaffeesiederball.at.

▶**Festival international d'accordéon** – (fin fév.-déb. mars) www.akkordeonfestival.at.

### *Mars - avril*

▶**Marché de Pâques** (Ostermarkt) – Au château de Schönbrunn. Permet de découvrir les traditions pascales locales. www.ostermarkt.co.at.

▶**Osterklang** – (10 j. en avr.) Musique des 17e-19e s. www.osterklang.at.

▶**Marathon de Vienne** – (fin avr.) Plus de 25 000 coureurs traversent la ville à grandes foulées !

### *Mai*

▶**Genussfestival** – Durant deux jours les spécialités culinaires régionales envahissent le Stadtpark. www.genuss-festival.at.

▶**Festwochen** – (de déb. mai à fin juin) Festival international d'avant-garde pour le théâtre, la musique et l'art, au MQ. www.festwochen.at.

▶**Vienne Plage** – (de mai à fin août) Sur le modèle de Paris Plage, on bronze le long de la Lothringerstrasse. www.sandinthecity.at.

### *Juin*

▶ **Festival de la Donauinsel** – (3 j. mi-juin) Grand festival organisé par le Parti social-démocrate (SPÖ) avec concerts gratuits, qui attire près de 3 millions de personnes. www.donauinselfest.at

▶**Regenbogen Parade** – Gay Pride. viennapride.at.

▶**JazzFestWien** – (fin juin-déb. juil.) Concerts dans différentes salles. www.viennajazz.org.

### *Juillet - août*

▶**Fête impériale** – (1 soir juil.) L'École d'équitation espagnole devient piste de bal. www.fete-imperiale.at

▶**Film Festival** – (tous les soirs) À la tombée de la nuit, projections gratuites d'opéras ou de films musicaux devant l'hôtel de ville ; nourriture du monde entier. www.filmfestival-rathausplatz.at.

▶**Summa Cum Laude** - (déb. juil.) De jeunes musiciens interprètent des œuvres classiques dans toute la ville. www.sclfestival.org.

▶**Kino unter Sternen** - Cinéma à la belle étoile dans le Resselpark, à Karlsplatz. www.kinountersternen.at.

▶**ImPulsTanz** - Festival de danse international au MQ (entre autres). www.impulstanz.com.

▶**Pop Fest** - Sur Karlsplatz, festival en plein air consacré à la musique pop autrichienne, plébiscité par la jeunesse viennoise. www.popfest.at.

### *Septembre*

▶**Vendanges au Cobenzl** - Les vignes du 19ᵉ arr. de Vienne sont en fête. www.weingutcobenzl.at.

### *Octobre*

▶**Viennale** - (2 sem.) Festival international du film. www.viennale.at.

▶**Nuit des musées (Lange Nacht der Museen)** - (1 nuit) Les musées restent ouverts. langenacht.orf.at.

▶**Blickfang** - Exposition annuelle au MAK, pour les amoureux du design sous toutes ses formes. www.blickfang.com.

### *Novembre - décembre*

▶**Wien Modern Festival** - (fin nov.) Festival de musique contemporaine, du classique à l'avant-garde. www.wienmodern.at

▶**Saison des bals** - Début de la saison des bals. www.vienna.info ou ballkalender.com.

▶**Saison du Fasching** - (à partir de nov.) Carnaval de Vienne. Le samedi précédent Mardi gras a lieu un grand défilé costumé sur le Ring.

▶**Marchés de Noël** - Un peu partout en ville, ils sont conviviaux et colorés. Le plus grand est le Christkindlmarkt devant l'hôtel de ville, mais celui du Spittelberg est plus artisanal.

▶**Bal de l'Empereur** - (31 déc.) Il a lieu dans le palais de la Hofburg et permet aux heureux ou fortunés participants de revivre les fastes de la cour des Habsbourg.

## GALERIES D'ART

Vienne recèle de nombreuses galeries d'art, surtout concentrées dans le centre historique autour du **Dorotheum** (*p. 41*). Informations sur www.kunstnet.at (en allemand). *« Nos adresses/Shopping » p. 115.* Voici les principales :

**Charim** – Dorotheergasse 12 - 1010 - www.charimgalerie.at. Activisme autrichien des années 1960, artistes internationaux.

**Ernst Hilger** – Dorotheergasse 5 - 1010 - www.hilger.at. Art moderne : Miró, Picasso, Warhol...

**Galerie bei der Albertina** – Lobkowitzplatz 1 - 1010. Art nouveau. www.galerie-albertina.at.

**Krinzinger** – Seilerstätte 16 - 1010 - www.galerie-krinzinger.at. Nouvelle élite artistique autrichienne.

**Boris Wilnitsky Kunsthandel** – Schulerstr. 7 - 1010 - www.wilnitsky.com. Peinture européenne des 16ᵉ-20ᵉ s.

**Gabriele Senn** – Schleifmühlgasse 1a - 1040 - www.galeriesenn.at.

**Wienerroither & Kohlbacher** – Strauchgasse 2 - 1010 - www.w-k.art. Modernisme classique.

**Nächst St. Stephan** – Grünangergasse 1/2 - 1010 - www.schwarzwaelder.at

**Ulysses** – Opernring 21 - 1010 - www.kunstnet.at/ulysses. Art moderne et avant-garde autrichienne 1960-1970.

## EXPOSITIONS TEMPORAIRES

Les cinquante musées viennois organisent des expositions, souvent de portée mondiale. Leur variété et leur qualité font de Vienne une place forte de l'art en Europe. Pour connaître le programme, consultez : www.wien.info/fr.



Sur place, les expositions sont annoncées à l'office du tourisme, dans son bureau sur l'Albertina Platz, ou dans l'hebdomadaire gratuit *Falter*.

### *Les lieux, la billetterie*

Dans les sites du **MuseumsQuartier** (Kunsthalle, Leopold, Mumok, AzW), le **MAK**, le **KHM** (Musée d'histoire de l'art), les sites du **Belvédère**, l'**Albertina**, le **Bank Austria Kunstforum** et le **Wien Museum**. Vous trouverez leurs coordonnées dans la partie « Visiter ». Leurs sites Internet, très bien faits, donnent le programme et les détails afférents.

Les billets s'achètent sur place ou à l'avance auprès de l'office du tourisme **(www.wien.Info/fr)**. Possibilité également de réserver sur **www.viennaticketoffice.com** (en français).

## ÉVÉNEMENTS 2019-2020

### *Expositions*

▶Jusqu'en avril 2019, le MAK propose une vaste rétrospective de l'œuvre de **Koloman Moser**, « l'artiste aux mille talents », qui fut non seulement peintre, graphiste et artisan d'art pour la Wiener Werkstätte jusqu'en 1907, mais aussi enseignant à l'École des arts et métiers de Vienne (1899-1918).

▶Jusqu'au 10 juin 2019, l'Albertina fête le **300e anniversaire de la fondation de la principauté du Liechtenstein** en réunissant quelques chefs d'œuvre célèbres – la *Vénus* de Rubens, *Le Christ* d'Adriaen de Vries – et plusieurs tableaux des années Biedermeier (1818-1845), dont l'irrésistible *Roses* de Ferdinand Georg Waldmüller.

▶De l'automne 2019 à janvier 2020, l'Albertina sort de ses précieuses réserves les dessins et aquarelles d'**Albrecht Dürer** : 140 œuvres au total, la plus importante collection de Dürer au monde !

▶D'octobre à janvier 2020, le Kunsthistorisches Museum fait la part belle à deux artistes fascinants du Baroque italien : **le Caravage** et **le Bernin**, qui ont tous deux révolutionné l'art occidental. Ils seront entourés d'œuvres de leurs contemporains : Nicolas Poussin, Orazio Gentileschi...

### *Nouveau musée*

▶Une nouveauté à la Hofburg, depuis 2019 : **Haus der Geschichte** (Maison de l'Histoire). Sa première exposition ? *L'Autriche, 1918-2018* (www.hdgoe.at).

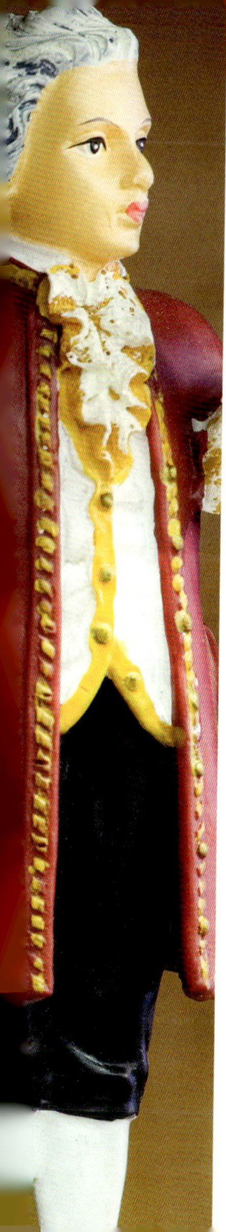

# Pour en savoir plus





*Mozart, incontournable icône viennoise, du Staatsoper aux magasins de souvenirs.*
Demma/Sime/Photononstop

# Vienne en quelques dates

**800-400 av. J.-C.** – Les Celtes occupent le bassin de Vienne.
**1er s. apr. J.-C.** – Les Romains créent **Vindobona** au bord du Danube.
**400** – Invasions des Goths et des Avars.
**803** – Charlemagne implante le christianisme à Vindobona.
**970-1246** – Règne des **Babenberg** qui installent leur cour à Am Hof.
**1147** – Consécration de l'église qui deviendra le Stephansdom.
**1278** – Les **Habsbourg** au pouvoir.
**1348** – La peste fait 40 000 morts.
**1438** – Vienne, capitale du Saint Empire romain germanique.
**1521** – Triomphe de la Réforme.
**1529** – Trois mois de siège ottoman.
**1551** – Début de la Réforme catholique.
**1654** – Léopold veut faire de Vienne un **foyer baroque**.
**17e s.** – Épidémies de peste. En 1682, la colonne du Graben est élevée.
**1683** – Second siège de Vienne. Défaite des Ottomans à la **bataille de Kahlenberg**.
**18e s.** – Période de prospérité. Construction de Schönbrunn, du Belvédère puis de la Karlskirche.
**1741** – Fondation du Burgtheater.
**1754** – 175 000 habitants.
**1766** – Le **Prater** est ouvert au public.
**1780** – **Joseph II** impose l'allemand comme unique langue et Vienne comme unique capitale. Siècle des lumières *(Aufklärung)*.
**Fin du 18e s.** – Vienne règne sur le monde de la **musique** : Haydn, Mozart.



**1805-1809** – **Napoléon** occupe deux fois la ville.
**1814-1815** – **Congrès de Vienne** après la défaite de Napoléon.
**1815-1848** – Système Metternich et époque **Biedermeier**.
**1848** – Révolte des ouvriers-étudiants.
**1848-1916** – Règne de **François-Joseph**. 1854 : mariage avec **Sissi**. Double monarchie d'Autriche-Hongrie et autonomies nationales.
**1865-1890** – Vienne en chantier : Donaukanal, le **Ring** (1865) et ses palais... La population quadruple.
**1873** – Exposition universelle au Prater.
**1897** – Inauguration de la Riesenrad (grande roue). Karl Lueger (chrétien-social) devient maire de Vienne.
**Déb. 20e s.** – 2 millions d'habitants. Mouvements **Jugendstil et Sécession**.
**28 juin 1914** – Attentat de Sarajevo.
**1919** – La monarchie laisse place à la **République** d'Autriche.
**1920-1934** – **« Vienne la Rouge »** : parti social-démocrate au pouvoir et politique de logements ouvriers.
**1938** – Annexion du pays : **Anschluss**.
**1939-1945** – 1/4 de la ville détruite.
**1955** – Les Alliés quittent Vienne.
**1978** – Première ligne de **métro**.
**1979** – Installation de l'**ONU**.
**1995** – Adhésion à l'UE.
**2001** – Inauguration du **MQ**.
**2015** – Inauguration de la gare centrale (Wien Hauptbahnhof).
**2019** – Inauguration de la « Haus der Geschichte » (Maison de l'Histoire) à la Hofburg.

# *Six siècles sur le trône*

La **dynastie des Habsbourg** est devenue la plus puissante d'Europe grâce à la politique matrimoniale de Maximilien Ier. En deux siècles et grâce à un subtil jeu d'alliances, cette famille relativement obscure de comtes rhénans qui tenaient leur titre d'un domaine suisse (Habichttsburg) devient maîtresse, le temps du règne de Charles-Quint, d'un « empire sur lequel le soleil ne se couche jamais » ! Un dessein symbolisé dès le 15e s. par la devise *Austriae Est Imperare Orbi Universo* (AEIOU) (« Il appartient à l'Autriche de régner sur tout l'univers »).



Autre image forte de cette imposante dynastie : le formidable complexe de palais qu'est la **Hofburg** *(p. 43)*, où chaque empereur ajouta sa touche. Durant six siècles, la dynastie fait face aux guerres, aux alliances, aux traités, aux épidémies... Elle fait de Vienne la capitale du Saint Empire romain germanique. En battant les Ottomans à Kahlenberg en 1683, elle est reconnue par les souverains occidentaux comme le sauveur de la chrétienté. Les Habsbourg maintiennent l'**alliance entre le trône et l'autel**, qui a contribué à consolider leur pouvoir.

À la tête d'un riche empire, empereurs et princes Habsbourg ont doté Vienne de monuments somptueux tout en favorisant le développement des arts. On parle de « Vienna Gloriosa », sous les règnes de Marie-Thérèse, la première impératrice (1717-1780), et de Joseph II (1780-1790). La Vienne du 19e s. est marquée par la construction du Ring. Au cours des siècles, les Habsbourg ont patiemment constitué d'immenses collections d'art, visibles au musée des Beaux-Arts *(p. 56)*.

Chaque empereur participe à la construction d'un État moderne. Marie-Thérèse unifie et centralise. Joseph II abolit le servage, impose l'allemand et instruit les filles...

Néanmoins, à la fin du 19e s., la dynastie semble dépassée. Dans une Europe politiquement renouvelée, elle fait figure d'anachronisme. L'esprit nationaliste et libéral de l'époque sape le principe d'une monarchie absolue à laquelle s'accroche l'avant-dernier empereur, **François-Joseph**, dont le règne dura de 1848 à 1916.

Le premier conflit mondial, qu'il déclenche en déclarant la guerre à la Serbie, à la suite de l'assassinat à Sarajevo du prince héritier François-Ferdinand, balaye la dynastie et fait voler en éclats ses possessions.

Vienne demeure profondément marquée (sur le plan de la démographie, de l'architecture, de la religion, de l'économie) par les six siècles du règne des Habsbourg qui se sont achevés il y a tout juste un siècle.

Quelque peu orchestrée, car somme toute « rentable », une certaine nostalgie s'exprime à travers les bals, les expositions et nombre de produits dérivés.

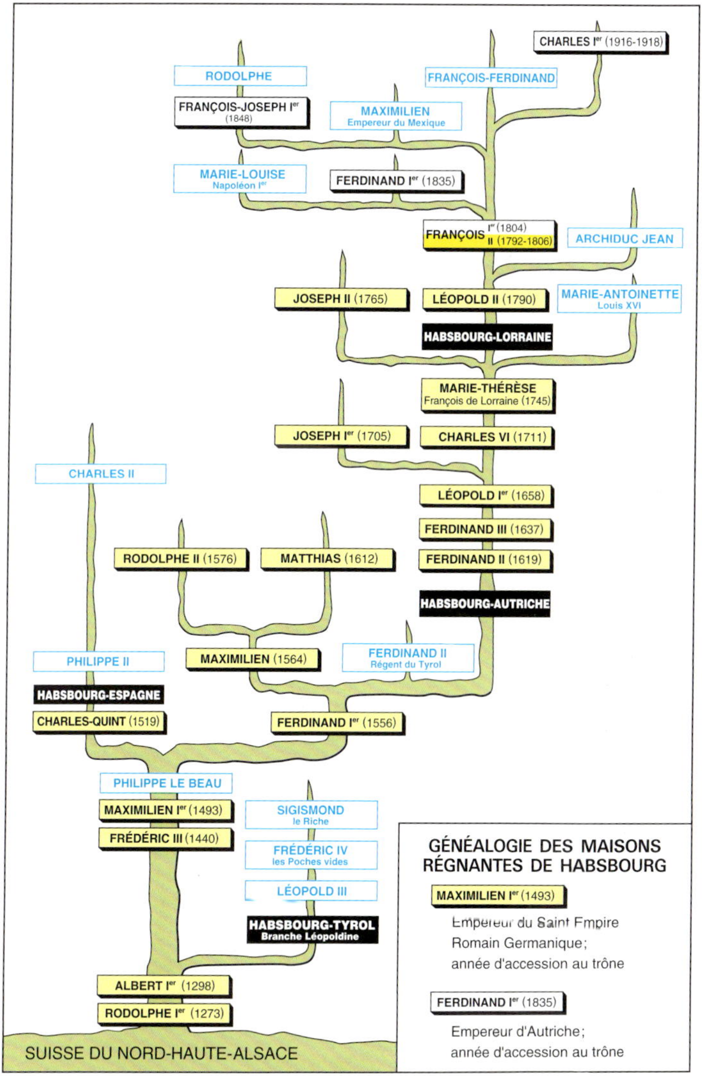
CHARLES Ier (1916-1918)
RODOLPHE
FRANÇOIS-FERDINAND
FRANÇOIS-JOSEPH Ier (1848)
MAXIMILIEN Empereur du Mexique
MARIE-LOUISE Napoléon Ier
FERDINAND Ier (1835)
FRANÇOIS Ier (1804) II (1792-1806)
ARCHIDUC JEAN
JOSEPH II (1765)
LÉOPOLD II (1790)
MARIE-ANTOINETTE Louis XVI
HABSBOURG-LORRAINE
MARIE-THÉRÈSE François de Lorraine (1745)
JOSEPH Ier (1705)
CHARLES VI (1711)
CHARLES II
LÉOPOLD Ier (1658)
FERDINAND III (1637)
RODOLPHE II (1576)
MATTHIAS (1612)
FERDINAND II (1619)
HABSBOURG-AUTRICHE
PHILIPPE II
MAXIMILIEN (1564)
FERDINAND II Régent du Tyrol
HABSBOURG-ESPAGNE
CHARLES-QUINT (1519)
FERDINAND Ier (1556)
PHILIPPE LE BEAU
MAXIMILIEN Ier (1493)
SIGISMOND le Riche
FRÉDÉRIC III (1440)
FRÉDÉRIC IV les Poches vides
LÉOPOLD III
HABSBOURG-TYROL Branche Léopoldine
ALBERT Ier (1298)
RODOLPHE Ier (1273)
SUISSE DU NORD-HAUTE-ALSACE
GÉNÉALOGIE DES MAISONS RÉGNANTES DE HABSBOURG
MAXIMILIEN Ier (1493)
Empereur du Saint Empire Romain Germanique; année d'accession au trône
FERDINAND Ier (1835)
Empereur d'Autriche; année d'accession au trône

# *Célèbres Viennois*

## LES GRANDS CLASSIQUES

À eux quatre, ils assurèrent pendant deux siècles la prédominance de la musique germanique en Europe, dont Vienne devient la capitale musicale.

Attaché à la famille Esterházy comme chef d'orchestre et compositeur attitré, **Joseph Haydn** (1732-1809), vécut surtout à Eisenstadt mais il reste associé à Vienne en raison de son rayonnement. Compositeur prolifique, il est l'inventeur génial des formes musicales qui structurèrent toutes les musiques jusqu'à la Seconde Guerre mondiale.



C'est dans cette voie formelle ouverte par Haydn que **Wolfgang Amadeus Mozart** (1756-1791) se révéle l'immense compositeur que l'on sait.

Né à Salzbourg, Mozart s'installe à Vienne à 26 ans. Après les succès de ses jeunes années, il y connaît une phase de solitude et de maturation. C'est là qu'il compose ses plus grandes œuvres, alliant profondeur et légèreté *(Les Noces de Figaro, Don Giovanni)*. Le miracle Mozart tient à l'équilibre que celui-ci sut trouver entre une exigeante rigueur d'écriture et une liberté qui confine à la grâce.

*Mozarthaus, p. 16.*

Digne héritier de Haydn et de Mozart, **Ludwig van Beethoven** (1770-1827), né à Bonn, explore avec une tout autre palette les mondes de la symphonie, du quatuor et de la sonate. Son univers est celui du romantisme qui voit l'homme prendre en main son destin (écoutez le fameux début de la *Cinquième Symphonie* !) dans un affrontement titanesque, souvent illustré par le triomphe d'un thème lumineux et optimiste sur un thème plus sombre et pessimiste.

*Pasqualatihaus, p. 31.*

Seul à être né à Vienne, parmi les nombreux compositeurs associés à la capitale autrichienne, **Franz Schubert** (1797-1828) met sur le devant de la scène un genre jusque-là peu exploré, le *lied* (chant avec piano), et lui donne ses premiers chefs-d'œuvre (*Le Roi des Aulnes*, ou le cycle du *Voyage d'hiver*). L'ensemble de sa musique exprime la solitude du voyageur condamné à l'errance et aux peines d'amour (*« Voulais-je chanter l'amour, cela me menait à la douleur. »*).

*Geburtshaus, p. 80.*

## SISSI

Élisabeth de Wittelsbach, surnommée Sissi, devient impératrice d'Autriche lors de son mariage avec François-Joseph Ier en 1854 à l'âge de 16 ans. Belle, excellente cavalière et férue de poésie, elle fuit à travers ses voyages le palais de la Hofburg et son étiquette rigoureuse. Adulée en Hongrie, elle favorise le compromis austro-hongrois. Sa vie est marquée par les deuils de son fils unique Rodolphe, de son cousin Louis II de Bavière, de sa sœur Hélène et de

son beau-frère Maximilien. Sissi est assassinée à Genève en 1898 par un anarchiste italien. Son destin tragique nourrira une abondante littérature et fera la réputation de Romy Schneider.
*Musée Sissi p. 44, Schönbrunn p. 88.*

## KLIMT ET SCHIELE

**Gustav Klimt** (1862-1918), fondateur de la Sécession viennoise, est le peintre le plus emblématique de Vienne 1900 (*encadré p. 66).*
**Egon Schiele** (1890-1918) porte à travers son œuvre, certes tourmentée, un regard d'une rare lucidité sur la réalité de l'homme et ses aspects névrotiques. L'expressionnisme de cet artiste phénoménal prend le corps comme support – des œuvres jugées pornographiques à l'époque.
*Belvédère supérieur p. 70 et musée Leopold p. 73.*

## SIGMUND FREUD

Neurologue et psychiatre (1856-1939), il est le père fondateur de la psychanalyse. Après avoir fait ses études de médecine à Vienne, il y enseigne comme professeur d'université. Il fait ensuite un stage auprès de Jean Charcot à Paris, avec qui il étudie l'hystérie et l'hypnose. À son retour, il ouvre un cabinet de consultation où il recevra ses premiers patients. Son travail sur les rêves le conduit à des découvertes majeures, parmi lesquelles l'existence du fantasme et le complexe d'Œdipe. D'origine juive, Freud est contraint de s'installer à Londres après l'Anschluss en 1938, et y meurt d'un cancer l'année suivante.
*Musée Freud p. 80.*

## THOMAS BERNHARD

Romancier et dramaturge, Thomas Bernhard (1931-1989) est sans doute l'écrivain autrichien le plus célèbre du 20e s. Marqué par les heures sombres des années 1930-1940, il dénonça violemment les travers de la société autrichienne. Son œuvre emblématique, *Heldenplatz* (*Place des héros*, 1988), fait référence aux événements de 1938. Extrait :
*« Ce qu'écrivent les écrivains*
*n'est bien sûr pas contre la réalité,*
*oui, oui, ils écrivent bien sûr*
*que tout est épouvantable,*
*que tout est corrompu et déchu [...]*
*et que tout est sans issue,*
*mais tout ce qu'ils écrivent*
*n'est rien contre la réalité,*
*la réalité est si mauvaise*
*qu'elle ne peut pas être décrite,*
*aucun écrivain n'a déjà décrit la réalité*
*comme elle l'est vraiment,*
*c'est ce qui est épouvantable. »*

## ET BIEN D'AUTRES...

**Metternich** (1773-1859) qui fait de l'Autriche la « troisième force ». L'écrivain **Arthur Schnitzler** (1862-1931) qui explore l'inconscient. **Stefan Zweig** (1881-1942) écrivain, dramaturge et biographe. Les réalisateurs **Fritz Lang** (1890-1976, *Metropolis, M. le Maudit*), le peintre et architecte **Hundertwasser** (*p. 62)* et le réalisateur **Michael Haneke** (*La Pianiste, Le Ruban blanc).*

# Fièvre baroque

L'éclosion et l'épanouissement du style baroque en Autriche tiennent à plusieurs causes. Cet art essentiellement religieux accompagne le triomphe du catholicisme qui suit le concile de Trente (1545-1563). Les Habsbourg, ardents défenseurs de la Réforme catholique, favorisent son développement. Après la défaite des Ottomans (1683), une fièvre de construction parcourt le pays, qui laisse libre cours à son goût pour l'emphase et le sens de l'élégance, de la couleur, de la fête.

## IRRÉGULARITÉ ET PROFUSION



Dominé par l'irrégularité des contours, l'abondance des formes et une profusion d'ornements, le style baroque recherche avant tout le mouvement : symphonie des couleurs, contrastes du blanc, du noir et de l'or, exubérance et grâce des courbes, frontons, corniches, balustrades et statues nichées, angles de vision et perspectives inattendues. Si le **baroque primitif** (17e s.) est un art d'importation (amalgames d'éléments italiens, français et allemands), le **haut baroque** (1690-1753) pourrait s'appeler baroque autrichien puisqu'il a pour maîtres des artistes nationaux : **Johann Bernhard Fischer von Erlach** (1656-1723) et **Johann Lukas von Hildebrandt** (1668-1745). Le premier, architecte de la Cour en 1687, édifie Schönbrunn, St-Charles et la Prunksaal de la bibliothèque de la Hofburg. Le second réalise les palais du Belvédère et le Palais d'hiver du prince Eugène.

## ANIMATION DE L'ESPACE

L'architecture baroque doit s'appréhender avec ses compléments naturels que sont la peinture et la sculpture : étroitement associées au travail des stucateurs, elles animent et remplissent l'espace. Des kyrielles de retables s'élèvent dans les sanctuaires, des myriades d'anges et de saints peuplent les plafonds, une armée de statues envahit chaque église, chassant au passage des œuvres gothiques remarquables mais jugées « barbares ». De grands artistes se distinguent, parmi lesquels **Johann Michael Rottmayr** (1654-1730), précurseur d'un baroque « pictural » spécifiquement autrichien.

## UNE MUSIQUE PLUS MÉLODIQUE

Les édifices baroques ne peuvent se comprendre sans le développement de la **musique instrumentale** dont la fonction liturgique ou festive s'impose avec force dès les années 1600. À la polyphonie vocale se substitue une composition musicale qui s'attache à mettre en valeur les textes et à les rendre plus compréhensibles. Le **style baroque** s'harmonise entre une forte expressivité et les ornements produits par une division fréquente de l'orchestre.

# Vienne Biedermeier

## UN PERSONNAGE DE FICTION

Non, Biedermeier n'est pas un artiste qui aurait laissé son patronyme au style dont il aurait été le maître incontesté. Wieland Gottlieb Biedermeier n'a même jamais existé ! Ce monsieur a pris forme sous la plume des écrivains Adolf Kussmaul et Ludwig Eichrodt qui, au début du 19e s., créèrent ce personnage pour incarner le bon bourgeois : *bieder* signifie brave, honnête et Meier est un nom très répandu. Devenu mythique, **Herr Biedermeier** a glissé de la satire littéraire au symbole !

## UN ART DE VIVRE...

Grâce au sens diplomatique du ministre des Affaires étrangères **Metternich** (1773-1859), l'Autriche revient au premier plan en Europe centrale. En 1815, partie prenante de la Sainte-Alliance, le pays s'engage à gouverner « chrétiennement » et s'autorise à « intervenir contre les soulèvements nationaux ».

Le **Vormärz** caractérise cette période d'avant mars 1848 (soulèvements nationaux des ouvriers et étudiants), curieux mélange de dictature et de « Belle Époque » d'une bourgeoisie, qualifiée de **Biedermeier**, se plaisant à un romantisme attendri. Aimer, boire, chanter, danser paraissent être alors les principales préoccupations. On se régale de moka, de chocolat, de pâtisseries dans les **Kaffeehaüser** comme celui de Hugelmann. Les jours de fête, la foule se répand dans les guinguettes *(Heurigen)* du Danube et de la forêt viennoise, où l'on s'attarde devant un pichet de vin nouveau. Les violons se déchaînent à l'Apollo, palais de la danse dont la salle de bal est la plus grande d'Europe. C'est le temps des succès de **Johann Strauss père** et de **Schubert**. Au Prater naît la **valse**. Parallèlement, par crainte d'un système répressif omniprésent, on se replie sur soi. On élève de belles maisons, certes, mais on soigne avant tout les intérieurs. Le mobilier Biedermeier se caractérise par des proportions massives aux lignes sobres, variées et aux surfaces lisses : essences de bois clair pour le secrétaire, le divan, la chaise... Le grand ébéniste Biedermeier est **Josef Danhauser** (1805-1845). Ces meubles ne seraient pas Biedermeier s'ils n'étaient pas confortables et disposés dans un intérieur cossu et fleuri.

*MAK p. 59, Hofmobiliendepot p. 77.*

## ... NON PARTAGÉ

Mais cette Vienne « idyllique » cache l'existence misérable d'une grande partie des ouvriers et la colère d'une jeunesse soumise à un régime policier (censure, espionnage, dénonciations). C'est celle ci qui descendra dans la rue en mars 1848.

# Jugendstil et Sécession

À la fin du 19e s., comme dans le reste de l'Europe, on voit s'opérer dans les pays de langue allemande un véritable renouvellement artistique touchant d'abord les arts plastiques. La capitale en est Munich, et il prend le nom de **Jugendstil** (« style de la jeunesse ») du titre de la revue illustrée très populaire *Jugend*.
Le *Jugendstil* se caractérise, dans le domaine des arts graphiques, par l'absence de perspective et un dessin sobre utilisant beaucoup la courbe et l'ornement floral. Il est contemporain du *Modern Style* anglais, du *Stile Liberty* italien et de l'Art nouveau français.



Le 25 mai 1897, le peintre **Gustav Klimt** fonde avec une poignée d'amis l'Association des artistes autrichiens, la **Sécession de Vienne**. En 1898, **Joseph Maria Olbrich** édifie à Vienne un pavillon d'exposition couronné d'une coupole de feuilles de laurier doré, vite surnommé le « chou doré ». Au frontispice s'inscrit la devise de la Sécession : « **À chaque siècle son art, à l'art sa liberté** ».
De nombreuses expositions y sont organisées, ouvertes aux nouvelles orientations de l'art à l'étranger et en rupture complète avec l'académisme et la tendance au pastiche qui triomphent alors à Vienne. Pour les artistes de la Sécession, l'art est d'abord « expression », avec une exigence de sincérité et de vérité qui le met en opposition avec les conventions esthétiques et sociales.
Ce mouvement se différencie du Jugendstil – avec lequel il est souvent confondu – par une conception géométrique de l'ornement. Il s'éloigne de la conception organique de l'Art nouveau et annonce la mouvance Art déco.

## LES GRANDS NOMS

**Gustav Klimt** – *p. 66.*
**Egon Schiele** – *Leopold Museum, p. 74.*
**Otto Wagner** (1841-1918) – Conseiller impérial pour l'architecture, il entame à 50 ans une rupture artistique dans sa carrière, passant de l'historicisme aux sinuosités du Jugendstil, puis à l'ornementation lisse et géométrique de la Sécession. *Karlsplatz p. 63, Linke Wienzeile p. 66, Postsparkasse p. 24, Penzing p. 90.*
**Adolf Loos** (1870-1933) – Né à Brno (Rép. tchèque), cet architecte s'établit à Vienne et publie un essai qui condamne les excès décoratifs du Jugendstil, alors triomphant, pour devenir l'apôtre du fonctionnalisme. *Looshaus p. 20, American Bar p. 19.*
**Josef Hoffmann** (1870-1956) – Élève d'Otto Wagner, cofondateur des Ateliers viennois, les *Wiener Werkstätte* (créés pour concilier métiers d'art et artisanat), cet artiste polyvalent (habitations, mobilier, vaisselle) réalisa le palais Stoclet à Bruxelles, concrétisation la plus connue de ses théories esthétiques. *MAK p. 59.*

*1907, Vitraux de Koloman Moser.*

SELIG SIND
DIE BARM-
HERZIGEN
DENN SIE WER-
DEN BARM-
HERZIGKEIT
ERLANGEN
DIE VNWISSENDEN BELEHREN
DEN ZWEIFELNDEN RECHT RATHEN
DIE BETRVBTEN TRÖSTEN
DAS VNRECHT MIT GEDVLD LEIDEN
DENEN DIE VNS BELEIDIGT HABEN GERN VERZEIHEN

# L'Opéra, grand répertoire

## UNE INSTITUTION, UN SYMBOLE

Combien de chanteurs viennois ont-ils sacrifié une carrière mondiale pour rester attachés à l'**Opéra national** (Staatsoper) et à son public mélomane ? Théâtre le plus illustre d'Autriche, ce temple de l'art lyrique jouit d'un incontestable prestige international. L'Opéra national dispose d'une troupe permanente et d'une formation musicale propre, l'Orchestre philharmonique de Vienne. À partir de 1898 s'établit à la tête de cet orchestre une lignée de chefs prestigieux, à commencer par Gustav Mahler. Après son départ, les baguettes les plus talentueuses s'y succédèrent, tels Bruno Walter ou Richard Strauss et, plus près de nous, Karl Böhm, Herbert von Karajan, Leonard Bernstein ou encore Pierre Boulez. Cet orchestre brille autant en formation symphonique dans la salle de concert que dans la fosse de l'Opéra national. Cet Opéra est aussi l'un des rares au monde à pouvoir présenter presque sans interruption une œuvre différente chaque soir. Tous les opéras sont interprétés dans la langue originale du livret (contrairement au **Volksoper**). Une tradition immuable permet d'assister debout au spectacle pour quelques euros (*p. 37*). Obtenir ces places (limitées) nécessite cependant une attente assez longue qui ne récompensera que les premiers arrivés, ou les passionnés disposés à assister, par exemple, aux *Maîtres chanteurs de Nuremberg* de Richard Wagner (5h15) sans s'asseoir !



## DEUX FIGURES MYTHIQUES

C'est sous la direction de **Gustav Mahler** (1860-1911) que l'Opéra acquit la dimension que nous lui connaissons aujourd'hui. D'abord chef d'orchestre du Stadttheater de Hambourg, Gustav Mahler obtint en mai 1897 le poste de directeur de l'Opéra impérial de Vienne. Sous son impulsion, l'orchestration délaissa l'austérité pour l'expressionnisme. Mahler s'intéressa à la mise en scène des œuvres qu'il était conduit à diriger ; cette curiosité consciencieuse modifia un aspect essentiel de l'art lyrique : les chanteurs se préoccupèrent désormais d'être aussi des acteurs. En montant 184 opéras et en bousculant la conception des cycles les plus célèbres avec une rigueur sans faille, celui-ci sut imprimer à une institution alors médiocre un niveau qu'allaient lui envier toutes les scènes lyriques. En prenant sa direction en 1956, **Herbert von Karajan** renouvela lui aussi le style scénique qui avait perdu toute spontanéité avec les années. Il introduisit à l'Opéra une politique de coproduction avec la Scala de Milan et laissa en héritage une organisation fondée sur le système du répertoire.

*Description de l'Opéra p. 36.*

# Des bals, des valses

## UNE VILLE À TROIS TEMPS

Le mot valse est emprunté à l'allemand *walzer* qui dérive du vieux verbe *walzan* signifiant « tourner, rouler ». Son origine serait à chercher dans les danses populaires de l'Allemagne méridionale des 16e et 17e s. Cette danse paysanne va subir une infime modification (pas glissés et plus rapides) pour la révolutionner. Plus simple, plus audacieuse, elle s'individualise. Plus vive, plus folle, elle séduit la Vienne du 19e s., qui vit alors une censure implacable. La population s'adonne ainsi à des plaisirs privés, tels que la danse, qui peu à peu s'impose, puis règne. Le succès est tel qu'elle fait son apparition à la cour impériale. Les plus grands compositeurs s'y adonnent : Beethoven, Brahms, Chopin, Ravel, Schubert, Schumann, Sibelius, etc. Mais deux noms demeurent indissociables de cette danse : les **Strauss** et **Josef Lanner** (1801-1843). Le second fixa l'accélération et la cadence de la valse viennoise et donna des titres aux morceaux. Il laisse près de 230 œuvres. Johann Strauss père (1804-1849), dont le coup d'archet brillant s'inspire de la tradition tzigane, partage avec Lanner le privilège d'avoir haussé la valse à la dignité d'un genre à part entière. Sous la direction de Johann Strauss fils (1825-1899), la valse s'ennoblit de thèmes plus contrastés. Il écrit des œuvres impérissables dont *Le Beau Danube bleu* (1867) et *La Valse de l'Empereur* (1888). Josef Strauss (1827-1870) composera quant à lui plus de 300 valses.

## À CHACUN SON BAL

En hiver, un bal chasse l'autre à Vienne. Le soir de la St-Sylvestre, la splendeur impériale renaît sous les lustres de la Hofburg, à l'occasion du célèbre **bal de l'Empereur**.
Pendant le carnaval, les associations les plus diverses organisent quelque 300 bals, pour la plupart dans des salles d'apparat. On peut citer le bal des Fleurs organisé par les jardiniers, le bal masqué de la Rudolfina-Redoute, le bal des cafetiers, etc. Les visiteurs sont toujours les bienvenus. Le plus élégant de tous est le **bal de l'Opéra** *(Opernball)* ou **bal des débutantes**, créé en 1877 pour célébrer l'entrée dans le monde des jeunes filles de l'aristocratie. Cette fête est organisée le dernier jeudi du carnaval *(Fasching)*, en février. La salle de l'Opéra est alors couverte de milliers de fleurs affrétées par avion depuis la Côte d'Azur. Chacun peut assister à la nuit la plus mondaine de l'année, du moment qu'il est possesseur d'un billet... qui lui coûtera environ 315 € s'il reste debout, auxquels il ajoutera 1260 € pour une table de six personnes, et jusqu'à 23600 € pour une loge !

# Le café, tout un art

## UN TRÉSOR DE GUERRE

Le café, dit-on, arriva à Vienne en même temps que les **Ottomans** qui assiégèrent la ville en 1683. Abandonnant en hâte leurs positions devant l'assaut des troupes d'Eugène de Savoie, ils laissèrent derrière eux des sacs entiers de café. Un certain **Kolschitski**, soldat polonais et marchand de son état, reçut pour prix de sa bravoure les sacs de grains. Fondateur du premier café de Vienne, il accommoda la boisson turque au goût des Viennois, en lui ajoutant du sucre et du lait. Il agrémenta aussi la consommation du breuvage d'appréciables petits à-côtés (musique, presse offerte par la maison...) qui font encore le charme des cafés aujourd'hui.



## UN ART DE VIVRE

Élégant, confortable, traditionnel, le *Kaffeehaus* joue toujours un rôle majeur dans la vie viennoise. Même si le café viennois s'est transformé avec le temps – les grands auteurs n'y discutent plus littérature et politique –, il a préservé tout ce qui a fait sa gloire : on peut y lire paisiblement le journal (à disposition), y retrouver ses amis, se plonger dans un roman, surfer sur sa tablette, ou tout simplement y laisser couler le temps en bonne compagnie, tout cela dans un cadre calme, distingué et cependant chaleureux – *gemütlich* disent les Autrichiens. Ici le spectacle est moins dans l'assiette que dans la salle : sous des décors souvent majestueux se croisent habitués (on parle ici de *Stammkunden* – de *Stamm* qui veut dire « tronc » ou « souche ») et visiteurs de passage. Célébrités nonchalantes, intellectuels affairés, copines en plein débrief'de leur séance shopping, anarchistes vieillissants, artistes en devenir, étudiants fauchés...

## FAILLES SPATIO-TEMPORELLES

Véritables bulles à l'abri, hier, du froid et de l'inconfort de la rue, aujourd'hui, du sentiment du temps qui passe et des urgences quotidiennes, les *Wiener Kaffeehäuser* ont été classés en 2011 au patrimoine culturel immatériel de l'humanité par l'Unesco, dont le rapport étonnamment inspiré évoque « ces lieux où le temps et l'espace sont consommés alors que seul le café se trouve sur l'addition ».
Certains cafés sont devenus des monuments de l'histoire viennoise – Central, Landtmann, Sacher ou Hawelka sont de véritables institutions –, mais ceux-ci ne doivent pas cacher le millier d'établissements qui peuplent la capitale autrichienne, à la fois semblables et singuliers : essayez-les tous !

## À LA BONNE HEURE

Dans un café, on peut prendre le petit-déjeuner jusque tard dans la matinée ; à midi, le *Mittagsmenü* est souvent copieux et avantageux ; le soir venu, on y est encore bien accueilli pour dîner. Mais le meilleur moment reste sans aucun doute la fin de l'après-midi ou le début de soirée. Pour accompagner son café, on pourra alors se laisser tenter par un gâteau, une part d'*Apfelstrudel* ou de *Mozarttorte* qu'on ira pointer du doigt devant l'alléchante vitrine dévolue aux pâtisseries. Sachez qu'on interpelle le serveur au son d'un *« Herr Ober! »* et la serveuse plutôt par *« Bitte! »* que par *« Fräulein! »*. Pour demander l'addition, dites *« zahlen, bitte »*.

E. Wrba/imageBROKER/age fotostock

*Le Café Central, à Freyung.*

## ET POUR VOUS, CE SERA... ?

Dans une ville qui a élevé la consommation de café au rang d'art de vivre, commander « un café » relève au mieux de l'ignorance, au pire de l'impolitesse. Bien plus ancien que Starbucks, le café viennois se déguste de multiples façons.

**Kleiner/Grosser Schwarzer :** *expresso* (simple/double) ;

**Kleiner/Grosser Brauner :** café crème (simple/double) ;

**Verlängerter Schwarzer/Brauner :** *expresso*/café crème allongé d'eau chaude ;

**Melange :** expresso allongé de lait et coiffé de crème de lait (*cappuccino*) ;

**Kapuziner :** *expresso* simple, coiffé de crème fouettée ;

**Franziskaner :** *mélange* coiffé de crème fouettée ;

**Einspänner :** *expresso* double, coiffé de crème chantilly (sucrée, donc) ;

**Kaffee verkehrt :** un peu de café et beaucoup de lait *(cafè latte)* ;

**Fiaker :** café noir avec du rhum et de la crème chantilly, servi dans un verre.

**Maria Theresia :** café noir mélangé à un trait de liqueur d'orange, coiffé de crème chantilly ;

**Pharisäer :** café coupé de rhum ;

**Wiener Eiskaffee :** café servi dans une coupe avec une boule de glace à la vanille et coiffé de crème chantilly saupoudrée de cacao.

*« Nos adresses/Prendre un verre », p. 106. Voir aussi la liste de « Cafés viennois » dans l'index.*

# Oubliez le Schnitzel !

Riche des apports des nombreux peuples qui vivaient au sein de l'empire habsbourgeois, la cuisine viennoise a hérité de traditions culinaires tchèques, juives, hongroises, croates, slovaques et même italiennes (l'escalope viennoise ne vient-elle pas de Milan ?). Ainsi, les épices orientales relèvent les produits de l'agriculture locale, leur conférant un piquant inédit.

## WIENER KÜCHE

Pour le déjeuner, la plupart des Viennois marquent encore une vraie pause et s'attablent devant de savoureux plats de viande, de volaille, de gibier et de poisson, parfois précédés d'une soupe.
Vous aurez le choix entre les célèbres *Wiener Schnitzel* (escalopes de dinde panées – attention, la *Schnitzel* tout court est souvent une escalope de porc), divers goulasch, poitrine farcie *(Gefüllte Kalbsbrust)*, œufs de carpe cuits dans le beurre, filet de sandre au paprika...
Ne manquez pas de goûter au *Tafelspitz mit G'röste*, plat favori de l'empereur François-Joseph. C'est une sorte de **pot-au-feu** accompagné de pommes de terre sautées et d'une sauce à base de raifort et de purée de pommes. Autre classique : les *Knödel*, **boulettes de pâte à pain** servies en accompagnement des plats et des soupes.



## SUR LE POUCE

Si vous préférez déjeuner plus rapidement, vous aurez le choix entre les excellents petits canapés des *Konditoreien* et nombre de **saucisses** à déguster dans les *Würstelstand* : la *Bratwurst* est une saucisse de porc grillée ressemblant à une merguez, la *Käsekrainer* est fourrée au fromage, la *Debreziner* est forte en paprika, etc.

## PÂTISSERIES ET VIENNOISERIES

Amateurs de chocolat, glaces et pâtisseries, bienvenue au paradis !

J. Arnold Images/hemis.fr

*Stand à saucisses (« Würstelstand »).*

***Il fait bio vivre à Vienne***

*La grande tendance aujourd'hui à Vienne, c'est de manger bio, végétarien (voire végétalien) et si possible « local ». Il n'est pas une seule adresse branchée qui ne propose son menu végétarien. Ce nouvel art de vivre en dit long sur la conscience environnementale, combinée à la frénésie de fitness et de bien-être... qui envahit même les glaciers! Un produit comme le « frozen jogurt », le yaourt glacé, est devenu si populaire que même certaines enseignes réputées s'y sont mises. La tendance se traduit aussi dans les urnes : Neubau, le 7e arrondissement qui concentre nombre de nouveaux établissements, est entre les mains du parti des Verts depuis 2001 (41 % des votes aux élections du conseil de district de 2015).*

Les gourmandises constituent le **point fort de la cuisine viennoise**. Rarement consommées en dessert, elles constituent, accompagnées d'un café, un petit repas en soi.

Outre le célèbre et rustique *Apfelstrudel*, gâteau fourré aux pommes et aux raisins secs, ou la *Sachertorte*, gâteau au chocolat fourré à la confiture d'abricot, on trouve les *Palatschinken*, épaisses crêpes de froment garnies de fromage blanc ou de confiture (d'origine hongroise), la *Linzertorte*, à la confiture de groseilles ou de framboises et enrichie d'amandes, le *Mohr im Hemd*, gâteau au chocolat nappé de sauce au chocolat, les *Kaiserschmarren*, crêpes aux raisins secs revenues dans du beurre et sucrées, le *Topfenstrudel*, gâteau au fromage blanc, la *Marillenknödel*, ou boule de pâte à pain fourré d'abricot : la liste est infinie...

Quant aux fameuses viennoiseries, elles trouvent leur origine avec un petit **croissant** *(Kipferl)*, à la pâte non pas feuilletée mais briochée, qu'un boulanger facétieux aurait façonné, dit-on, pour célébrer la levée du siège ottoman, en 1683.

## BIÈRES, VINS ET HEURIGEN

La **bière**, abondamment consommée, se boit dans des chopes d'un demi-litre *(Krügerl)*, de 0,3 litre *(Seidl ou Seiterl)* ou dans un picotin *(Pfiff)*. Les plus populaires sont l'Ottakring (bière de Vienne) et la Gösser.

Les provinces voisines de **Styrie**, du **Burgenland** assurent la renommée du vin autrichien, mais la vigne pousse aussi aux portes de la ville. Tradition séculaire vulgarisée par l'empereur Joseph II, mais dont l'origine remonte au 13e s., le *Heuriger* viennois est une sorte de **taverne** rustique, où l'on peut boire le **vin nouveau de l'année**. On n'y propose que des crus locaux, voire le vin maison. Il est possible de s'y restaurer : jambons, fromages et pains sont présentés sous forme de buffet.

Les Viennois apprécient l'atmosphère conviviale et fraternelle des *Heurigen*. Le bonheur qui illumine les visages n'est toutefois pas aussi naïf qu'on pourrait le penser car, avec ses chansons mélancoliques, la **Schrammelmusik** du *Heuriger* se charge de rappeler à chacun le caractère éphémère de la vie.

# Vienne fait son cinéma

## LE TROISIÈME HOMME

Ce classique du cinéma, réalisé par Carol Reed (1949) d'après un roman de Graham Greene, met en scène deux extraordinaires interprètes dans le cadre de Vienne : Joseph Cotten et Orson Welles. Ce formidable document sur la guerre froide et la Vienne d'après-guerre nous fait notamment découvrir les égouts de la ville (scènes d'anthologie). Le thème musical *Harry Lime*, joué à la cithare, est inséparable du plus célèbre des films « viennois ».

Un musée privé et des promenades guidées (en anglais et en allemand) sont organisées sur le thème du film : www.drittemanntour.at ; www.3mpc.net.

*Le Troisième Homme* est en permanence à l'affiche du Burg Kino, sur l'Opernring - www.burgkino.at.



## À VIENNE ET SUR VIENNE

**Le Congrès s'amuse** (1931) d'Erik Charell et Jean Boyer : l'atmosphère dansante du congrès de Vienne. En 1966, un remake fut tourné par Géza von Radványi, avec Lili Palmer et Curd Jürgens.

**Mayerling** (1968) de Terence Young : l'histoire dramatique du prince Rodolphe et de Marie Vetsera, avec Omar Sharif et Catherine Deneuve.

**Colonel Redl** (1985), d'István Szabó. Le film est basé sur l'immense scandale qui secoua les Habsbourg en 1913 lorsque l'opinion publique découvrit le suicide du colonel Alfred Redl, contraint à la trahison pour éviter le scandale de la révélation de son homosexualité. Cette affaire avait déjà inspiré John Osborne en 1966 pour sa pièce *Un bon patriote* (adaptée à la TV française en 1974 par Gérard Vergez).

**Before Sunrise** (1994), de Richard Linklater. Julie Delpy et Ethan Hawke parcourent Vienne durant toute une nuit et philosophent sur la vie et l'amour.

**La Pianiste** de Michael Haneke (2001), grand prix du jury au festival de Cannes. Transposition du roman de Elfriede Jelinek, avec Isabelle Huppert dans le rôle de la pianiste. En 2012, Haneke a une nouvelle fois séduit le jury cannois avec *Amour*, après avoir remporté la palme d'or en 2009 pour *Le Ruban blanc*, drame se déroulant dans un petit village allemand en 1913.

**Le Braqueur - la dernière course**, Benjamin Heisenberg (2010). Johann est champion de marathon et braqueur de banque... Le récit haletant de l'histoire véridique d'un énigmatique hors-la-loi qui défraya les chroniques en 1988, mobilisant près de 500 policiers pour une chasse à l'homme sans précédent.

**360**, Fernando Mereilles (2011). Inspirée de *La Ronde* d'Arthur Schnitzler, une succession de rencontres amoureuses à travers la planète. Il esquisse, à travers

dix personnages emblématiques de l'époque contemporaine, le portrait d'une société aux dimensions du monde. Parmi les villes évoquées par le film, Vienne ouvre et clôt l'histoire.
**Une seconde femme**, Umut Dağ (2012). Une jeune femme turque, Ayse, quitte son village natal pour Vienne. Officiellement, Ayse doit épouser le jeune et séduisant Hasan, mais elle découvre que la mère de celui-ci, se sachant mourante, l'a en fait choisie pour lui succéder auprès de son propre mari et faire d'elle la seconde mère de leurs enfants. Un huis-clos dans la communauté turque de Vienne et une réflexion troublante sur les petits arrangements familiaux.

## HOMMAGES AUX VIENNOIS

**Amadeus** (1984) de Milos Forman : un chef-d'œuvre du cinéma qui nous replonge dans la Vienne de Mozart, de Joseph II et d'Antonio Salieri.
**Le Chant du Danube** (1934) d'Alfred Hitchcock : ce film conte l'histoire d'une belle comtesse encourageant Johann Strauss à composer *Le Beau Danube bleu*.
**La Ronde** (1950) de Max Ophüls : la meilleure adaptation cinématographique de la pièce de Schnitzler avec S. Signoret, S. Reggiani, J.-L. Barrault, D. Gélin, D. Darrieux... Ophüls a aussi signé une version pour le cinéma de la *Lettre d'une inconnue* de Stefan Zweig (1948).
**Freud, passions secrètes** (1962) de John Huston : Freud est joué ici par Montgomery Clift. Dans *Princesse Marie* (2003), Freud rencontre Marie

Markus Frühmann/Kino unter Sternen

*Séances gratuites pendant le festival « Kino unter Sternen » (« cinéma sous les étoiles ») sur la Karlplatz.*

Bonaparte incarnée par Catherine Deneuve. Plus récemment, David Cronenberg a confié à Viggo Mortensen le rôle du psychanalyste aux prises avec son confrère Carl Jung dans *A Dangerous Method* (2011).
**Klimt** (2005) de Raoul Ruiz : John Malkovich incarne le peintre viennois. Et on le voit, entre autres, à l'intérieur du Palais Ferstel, au Café Central.
**Sissi** (1955-1957) de Ernst Marischka : dans cette trilogie, Romy Schneider incarnant la célèbre impératrice a fait rêver et pleurer plusieurs générations.
*Filmuseum à l'Albertina, p. 51.*

# Du Ring à la Hauptbahnhof

## LE RING

Le démantèlement des fortifications en 1857 entraîne la création du Ring. Cette ceinture de boulevards autour de la vieille ville transforme radicalement la capitale. La nouvelle artère est jalonnée par les principaux édifices publics de la ville marqués par une architecture très éclectique. Après l'inondation de 1862, le **Donaukanal** est percé et en 1890, la deuxième ceinture de fortifications est rasée pour aménager la voie du Gürtel *(Le Ring p. 53).*



## VIENNE LA ROUGE

En 1919, Vienne élit le maire social-démocrate Jacob Reumann à la majorité absolue. La capitale compte plus de 2 millions d'habitants et la population commence à diminuer. En 1921, la ville reçoit son statut de Land. Parallèlement à la mise en place de la 1re République, Vienne la Rouge lance un programme de construction d'habitats communautaires à destination des ouvriers, programme renouant avec la tradition locale du lotissement autour d'une cour intérieure. L'exemple le plus connu en est le **Karl Marx-Hof** *(p. 92).*

## UN NOUVEL URBANISME

Vienne se transforme à partir des années 1960, décennie lancée par l'ouverture de l'aéroport international. **Hans Hollein** agence ses premières boutiques et marquera la ville de ses réalisations jusqu'aux années 2000 *(p. 42).* Entre 1972 et 1988, les **abords du Danube** sont transformés : un canal de déversement est creusé contre les crues, l'aire de loisirs de l'**île du Danube** (Donauinsel) est créée et, en 1979, l'énorme complexe de l'**UNO-City** sort de terre. En 1978 la première ligne de **métro** (U1) est inaugurée entre Reumannplatz et Karlsplatz.
C'est surtout dans les **années 1990** que d'ambitieux projets sont réalisés : rénovation des gazomètres de Simmering *(p. 93)*, aménagement du Gürtel, édification de la nouvelle Hauptbibliothek. En 2001 est inauguré le **MuseumsQuartier** (MQ – *p. 73*), 8e aire culturelle du monde. Le centre échappe encore à la verticalité, mais la périphérie voit se développer les tours comme la Millenium-City (202 m), la Donau-City ou les Vienna Twin Towers.

## VIENNE GRANDIT

Vienne continue de s'étendre. Elle compte aujourd'hui 1,8 million d'habitants, population estimée à 2,5 millions d'ici à 2050. En réponse à ses besoins grandissants, la mairie a lancé à l'aube des années 2010 une consultation publique et entrepris de vastes chantiers, qui tiennent compte d'un effort environnemental de réduction des émissions carbone. Les gares et friches industrielles sont réaménagées en quartiers de logements et de bureaux, voire en centre d'art, telle la **Brotfabrik** *(p. 93)*, à Favoriten, dans le sud de Vienne.

De nouvelles voies de communication sont établies : tunnel, périphérique, **métro**. Trois nouvelles stations sont inaugurées sur la U2 à l'est jusque Seestadt. La sixième ligne de métro, la fameuse U5 qui manquait, devrait relier la U2 et la U6 d'ici à 2025. Les tours hérissent toujours plus les berges du Danube. Un nouveau quartier de 20 000 résidents est en cours de construction du côté d'**Aspern** (Donaustadt) autour d'un petit lac (Seestadt), tandis que le quartier de **Wien Mitte** achève sa mue radicale (nouvelle station de métro et centre commercial).

## LE CAMPUS DE LA WU

L'université publique des sciences économiques de Vienne (WU) a inauguré en 2013 son nouveau campus principal, tout juste sorti de terre du côté de Prater Messe. C'est un changement de grande ampleur pour le 2e arrondissement de Vienne où étudient désormais près de 25 000 étudiants dans des locaux high-tech. Les six nouveaux bâtiments de la WU sont le fruit de six cabinets d'architectes issus du monde entier (de Barcelone à Sendai). La bibliothèque, fascinante par la complexité de ses formes, est l'œuvre de l'architecte irako-britannique Zaha Hadid, première femme à remporter le prix Pritzker de l'architecture.

www.wu.ac.at

## AUTOUR DE LA HAUPTBAHNHOF

Le plus important, parmi les récents projets urbains viennois, est sans aucun doute le chantier de la nouvelle gare inaugurée fin 2015 : l'ex-Südbahnhof, située Südtiroler Platz, à deux pas du Belvédère supérieur, est devenue la grande gare de Vienne : la **Hauptbahnhof**.

Ce projet ambitieux, au design futuriste, avait pour objectif de concentrer l'ensemble du trafic ferroviaire international de Vienne, issu de trois lignes majeures : Paris-Bratislava, Athènes-Dresde et Gdansk-Venise. La municipalité s'est ensuite lancée dans l'aménagement, tout près de cette nouvelle gare, d'un parc de 7 ha (le Helmut-Zilk-Park) et la création d'un quartier de plus de 5 000 logements, de bureaux, d'un hôtel et d'un centre commercial, le Quartier Belvedere Central (QBC). C'est chose faite depuis 2018.

www.hauptbahnhofcity.wien; www.qbc.at

*Architekturzentrum, p. 76.*

# Vert comme Vienne

La capitale de l'Autriche peut s'enorgueillir de nombreux parcs (1600 ha), prairies (2300 ha), bois (7500 ha) et jardinets privés (1250 ha). Les espaces verts représentent 95 m² par habitant, contre 5 m² à Paris et 25 m² à Berlin ! Vienne figure au 1er rang des villes européennes dans ce domaine et, malgré des problèmes de pollution aux particules fines, offre à ses habitants une qualité de vie et de détente hors du commun.
Le long du Ring s'égrènent plusieurs parcs publics : le **parc de l'hôtel de ville**, le **Volksgarten**, le **Burggarten** et le **parc municipal**. Tous constituent des havres de repos bienvenues entre les visites de musées, leurs belles statues agrémentant la pause d'une dimension culturelle.
L'immense **Prater** (7 km², ouvert au public en 1766) – bois et prairies – et le parc d'**Augarten** sont devenus de véritables sites touristiques.
Les magnifiques jardins du **Belvédère** donnent l'impression d'être transporté dans une autre époque. Tout proche s'étend le splendide **Jardin botanique**.
Le **Resselpark** de la Karlsplatz est certes plutôt minuscule, mais il est idéalement situé entre l'église St-Charles et les pavillons de métro d'Otto Wagner.
Le parc du château de **Schönbrunn**, chargé d'histoire, est sans doute le plus beau de Vienne. Il renferme de multiples curiosités.



Les marcheurs et les amoureux de la nature se rendront avec plaisir au **parc animalier de Lainz**, ancienne réserve de chasse de l'empereur François-Joseph dans la Forêt viennoise.
Le parc **Schubert** et surtout le **Türkenschanzpark** attirent les promeneurs dans cet ancien faubourg devenu très résidentiel.
Au nord-ouest de l'arrondissement, le **Pötzleinsdorferpark** fera le régal des enfants avec ses nombreuses aires de jeux.
La **Donauinsel**, créée dans les années 1970-1980 et longue de 21 km, aligne 42 km de plage ! Sportifs et fêtards y côtoient chevreuils et hérons.
Le **Donaupark** est très étendu et très fréquenté en été, de même que la Donauinsel, où affluent joggers et cyclistes quand il fait beau.
Plus à l'est, la **Lobau** est une vaste étendue sauvage où un grand nombre de Viennois viennent se baigner et faire du vélo.
Sans parler de la **Forêt viennoise** toute proche à l'ouest de la ville et prisée des randonneurs...
Vous l'aurez compris, il est aisé de « se mettre au vert » à Vienne et ce, en marchant, en courant, en se baignant ou en pédalant. Quelque 1200 km de pistes cyclables sillonnent Vienne. Vous pourrez, vous-même, emprunter un Citybike, qui permet de circuler gratuitement pendant une heure et de déposer votre vélo dans l'un des 120 emplacements de la ville.
*Voir p. 139.*

## F



## G



## H



## I-J



## K



## L

## M



## N

**Collection sous la direction de Philippe Orain**

**Responsable d'édition et rédactrice en chef du guide :** Françoise Rault

| | |
|---|---|
| **Secrétaire d'édition** | Catherine Girard, Léonie Piraudeau |
| **Rédaction** | Jean-Charles Pharamond, Serge Guillot, Hélène Bienvenu, Aurélia Boulet, Cécile Bouché-Gall, Arnaud Léonard, Marie Ruat, Renaud Deschamps, François Sichet, Christian Rault |
| **Remerciements** | Ingeborg Millet, de l'Office National Autrichien du Tourisme, Florian Wiesinger de Vienna Tourist Board |
| **Ont contribué à ce guide** | Costina-Ionela Tarcea, Maria-Mirabela Dumbrăveanu, Mihăiță-Cristian Constantin, Theodor Cepraga, Thierry Lemasson (**Cartographie**), Véronique Aissani, Carole Diascorn (**Couverture**), Maria Gaspar, Marie Simonet, Sophie Roques (**Iconographie**), Bogdan Gheorghiu, Cristian Catona, Karina Gruia, Hervé Dubois, Pascal Grougon (**Prépresse**), Dominique Auclair (**Pilotage**). |
| | Plan détachable : © MICHELIN et © 2006-2017 TomTom. All rights reserved. |
| **Conception graphique** | Laurent Muller (couverture et maquette intérieure) |
| **Régie publicitaire et partenariats** | business-solutions@tp.michelin.com<br>*Le contenu des pages de publicité insérées dans ce guide n'engage que la responsabilité des annonceurs.* |
| **Contacts** | Qu'avez-vous pensé de ce guide ?<br>Répondez à notre questionnaire en ligne, en allant sur le site : satisfaction.michelin.com |
| | Vous souhaitez nous contacter ?<br>Envoyez-nous un email à l'adresse : tourisme@tp.michelin.com |
| | **Parution 2019** |




Crédits photographiques p. 4-5
(de gauche à droite et de haut en bas)

Getty Images
N. Blythe/Cephas/Photononstop
M. Fotografo/age fotostock
M. Ripani/Sime/Photononstop
JTB Photo/Universal Images Group/Getty Images
R. Schmid/Sime/Photononstop
Fine Art Images/Heritage Image/age fotostock
E. Suetone/hemis.fr
Oleg Albinsky/iStock
MAK-Austrian Museum of Applied Arts/
Contemporary Art/©MAK/Georg Mayer

**Michelin Travel Partner**

Société par actions simplifiée au capital de 15 044 940 EUR
27 Cours de l'Ile Seguin - 92100 Boulogne Billancourt (France)
R.C.S. Nanterre 433 677 721



Dépôt légal : 11-2018 – ISSN 0293-9436
Compograveur : Michelin Travel Partner, Voluntari (Roumanie)
Imprimeur : Geers Offset, Gent, Belgique
Imprimé en Belgique : 11-2018
Usine certifiée 14001
Sur du papier issu de forêts gérées durablement (100 % PEFC)